원페이저가
살아남는다

일러두기
저자의 고유 문체를 존중하고, 실무 노동의 현장감을 살리기 위해 업무 시 흔히 쓰는 통속어와 비표준어를 허용했다.

ONE PAGER

원페이저가 살아남는다

한방에 통과되는 한 장 보고서 작성의 기술

박혁종 지음

지금 우리에게는 간략한 소통이 필요합니다.

실제 정보통신 분야 개발자들의 세상에서
대체 불가능한 최고 전문가의 특징을 아래와 같이 말합니다.
"누군가는 몇백 줄의 코딩을 해야만 구현하는 기능을
단 몇 줄의 코딩으로 해내는 사람."

세상이 빨라지고 있습니다.
이에 발맞춰 우리가 하는 일의 속도도 빨라져야 합니다.
일의 속도가 빨라진다는 것은 일 처리의 높은 효율성을 말합니다.

효율성을 높인다는 것은
여러 번의 공수, 여러 단계의 점검이 필요한 일을
한 번에 해결할 수 있도록 간략화하는 것입니다.

원페이지도 간략화의 일환입니다.
짧은 커뮤니케이션만큼 강력한 것은 없습니다.
구구절절 흘러가는 의사소통은 연인끼리, 부부끼리, 모녀끼리 하는
일상의 대화에서만 좋은 겁니다.

속도와 효율을 중요하게 여기는 비즈니스에서는
빠르게 이해하고, 한 번에 소통하는 것이 최고의 미덕입니다.

지금 우리에게는 정확한 소통이 필요합니다.
일과 관련된 소통에서 정확성은 기본 중의 기본입니다.
애매한 서술, 뒤틀린 논리, 흐릿한 실행은
일 못 하는 사람들의 특징입니다.

정확한 업무 소통을 가능하게 하는
문서에는 일련의 특징이 있습니다.

> **미사여구가 없다는 것.**
> **논리가 완벽히 살아 있다는 것.**

우회적이지 않고 곧바로 분명하게 표현한다는 것.
중요한 것만 강하게 표기하고 부각한다는 것.
백 명의 사람들이 하나의 메시지로 해석한다는 것.

이러한 특징을 담고 있는 것이 원페이지입니다.

지금 우리에게는 잦은 소통이 중요합니다.
빠른 소통은 '잦은' 소통을 담보합니다.
사용하는 의사소통 방식이
이메일이든, 톡이든, 워드프로세서로 정돈한 문건이든
업무 현장에 있는 우리는 자주 소통하기를 원합니다.

여러분도 잘 아시겠지만
한 번의 소통으로는 의사 교환이 제대로 이루어지지 못합니다.
내 마음, 내 머릿속 생각이 단 한 번에
타인에게 오롯이 전달되지 못하기 때문입니다.

함께 일하는 사람, 업무와 연관된 이해당사자들과는
자주 소통하는 것이 안전합니다.

'간략히 정리'되어야 '자주' 소통할 수 있습니다.
길고 장황한 문서는 빠른 이해를 막고,
소통 시간을 늘어지게 만듭니다.
원페이지는 '자주' 소통하는 상황을 보장합니다.

이렇듯 원페이지는 간략하게, 정확하게
그리고 자주 소통하는 데 필요합니다.
지금의 우리에게, 앞으로의 우리에게
가장 중요한 비즈니스 커뮤니케이션의 방식이 원페이지입니다.

**저는 약 10년 동안 기획서, 보고서 작성 강의를 하면서
10만 명이 넘는 학습자를 만났습니다.**
반도체 설계자, 자동차 검사자, 치킨 양념을 개발하는 분까지⋯
직무와 직급은 다양했고, 업종도 천차만별이었습니다.

그럼에도 불구하고 공통적인 고민이 있었습니다.
바로 '어떻게 내 생각을 잘 끄집어내
보기 편하게 정리할 수 있는가?' 였습니다.

기획서와 각종 보고서를 쓸 때라면 눈치껏 결과물을 만들 수 있지만
한 장으로 짧게 써야 하는 원페이지 문서 작성에
좌절하는 분이 많습니다.
아는 것이 많을수록 적은 것을 줄이는 것이 어렵기 때문입니다.

여러분! 원페이지는 어렵지 않습니다.
그간 익숙하지 않았을 뿐입니다.

이 책을 쓰면서 '어떻게 원페이지가 구성되고',
'어떻게 표현되는지'를 알기 쉽게 전달하기 위해 노력했습니다.
기획서나 보고서를 많이 써본 분들은
경험을 통해 습득한 지식을 이번 기회에 재정리할 수 있을 겁니다.

다만 100장짜리 기획서 쓸 때와
한 장짜리 기획서 쓰는 기술에는 큰 차이가 있습니다.
열린 마음으로 접해주시기 바랍니다.

머릿속의 지식과 생각은
모두가 이해할 수 있도록 명확히 정리될 때 가치가 생깁니다.

그것도 원페이지로 짧게 말입니다.
우리는 앞으로 원페이저가 되어야 합니다.

항상 나와 함께 하는 인생의 벗, 임지은
나의 미래인 두 아들 지혁, 은혁
항상 믿고 지지해주시는 양가 부모님
제가 글을 쓰고 강의할 수 있게 해주신 모든 분께
이 책을 바칩니다.

차례

들어가는 말 — 004

1 왜 원페이지인가

1. 긴 문서는 짜증을 부른다 — 015
2. 문서 작성은 글짓기가 아니다 — 018
3. 짧게 써야 빨리 본다 — 021
4. 무조건 한 장일 필요는 없다 — 025
5. 상황에 적합한 문서 형식을 취하라 — 030

2 무엇이 원페이지를 가능하게 하는가

1. 경영진이 감동하는 문서의 세 가지 요건 — 039
2. 압축 No, 함축 Yes — 046
3. 핵심만 전달해 찰나에 승부하라 — 049
4. 차상위자의 눈으로 접근하라 — 052
5. 실무자가 아닌 책임자의 입장에서 — 056
6. 무조건 성공하는 분할 정복 전략 — 060
7. 뺄 때 확실히 빼서 별첨하라 — 064

3 어떻게 핵심 메시지를 구성하는가

1. 원페이지를 쓰는 3단계 '추출', '구조화', '표현' — 079
2. 원페이지의 '뼈와 살' — 084
3. Why-What-How의 3단 스토리 — 091
4. 목차만 잘 잡아도 절반은 성공이다 — 096
5. 핵심만 남기는 메시지 추출의 기술 — 107
6. 디테일한 뼈대 '서브목차' 정하기 — 113
7. 원페이지의 최종 뼈대 '목차설계도' — 118

4 어떻게 짧고 명확하게 표현하는가

1. 가로 버전 원페이지 vs 세로 버전 원페이지 — 129
2. 헤드라인이 진짜 중요한 이유 — 138
3. 단락별 핵심 문장과 비즈니스 단어의 활용 — 156
4. 원페이지 문장 구현의 핵심 스킬 — 167
5. 원페이지 문장 작성 요령 — 172
6. 핵심 단어, 위계, 관계 강조하기 — 187
7. 그래프, 표, 도형은 꼭 필요할 때만 — 196
8. '개조식 서술형'과 '직시형 제목' — 210
9. 끝날 때까지 끝난 게 아니다! 원페이지 최종 체크 — 232

부록 원페이지 설계 퀵 버전 — 243
나가는 말 — 253

ONE PAGER

1

왜
원 페이지 인가

Why One Page?

긴 문서는
짜증을 부른다

모든 비즈니스에서는 첫인상이 중요합니다.
사람도 그렇고 문서도 그렇습니다.
두툼한 서류뭉치를 반가워할 사람은 없습니다.
'뭐 이렇게 쓸데없이 많아?' '얼마나 잘했나 볼까?'
문서를 받아본 사람에게 이런 마음이 생기면 위험합니다.

조심하십시오.
사람은 누구나 마음만 먹으면 어떠한 문서에서도
사사건건 트집거리를 잡을 수 있습니다.
특히 문서가 길면 길수록 부딪히는 일이 많아집니다.
긴 문서를 보는 것만큼 짜증스러운 일은 없으니까요. 왜일까요?

첫째, '스크롤 압박'을 좋아하는 사람은 없습니다.
요즘 **전자결재가 보편화되면서**

문서의 입지는 메일과 출력물의 중간쯤에 있습니다.

스마트폰의 작은 화면을 하염없이 끌어내리다
속이 터질 것 같은 경험을 한 적이 있지요?
일명 '스크롤 압박'입니다.

노트북 화면에서도 스크롤 압박은 심한 피로감을 줍니다.
내가 쓴 문서에 가장 호의적인 사람은 나뿐입니다.
사실 본인도 자신이 쓴 문서를 읽을 때 힘들긴 매한가지죠.

둘째, 인간은 본래 남의 이야기에 귀 기울일 만한 인내심이 없습니다.
특히 부하직원의 말에는 더 귀 기울이기 어렵습니다.
우리가 하루에 접하는 정보의 양은 어마어마합니다.
소통에 치이다 보면 쉽게 인내심이 바닥을 치고,
"아! 됐고, 그래서 뭐 어쩌라는 거야!"라는 말이 저절로 나옵니다.

모든 조직원은 조직 성과에 밀접한 내용만 알고 싶어 합니다.
==요즘 성공하는 비즈니스 본질이 '실속형 + 맞춤형'인 만큼==
==문서도 그래야 합니다.==

셋째, 비즈니스 그라운드에서는 누구나 변화구를 싫어합니다.

업무 소통에서 말을 돌리거나 흐리는 것은 '죄악'입니다.

에둘러진 소심한 표현보다는 빠르고 정확한 표현이 좋습니다.

그래야 상대방의 이해를 돕고, 시간을 절약할 수 있지요.

직구를 던지듯이 쭉 곧게 쓰는 것이 원페이지 문서입니다.

미사여구를 걷어내고 메시지가 뚜렷한 글을 쓰십시오.

갖은 양념과 조미료로 버무린 싸구려 냉면보다

담백하지만 깊이 있는 평양냉면처럼,

굽이굽이 돌아가는 완행열차보다

단번에 목적지로 쭉 내달리는 KTX처럼,

옆으로 띄엄띄엄 자라는 잡풀보다

위로 곧게 쭉 뻗어 나가는 대나무처럼요.

넷째, 당신이 짧게 쓰지 못하는 것은, 고민을 덜했다는 뜻입니다.

핵심을 모르면 글이 길어집니다.

자신감의 부재는 언제나 질보다 양을 선호하게 하지요.

스티브 잡스가 가장 싫어한 게 '피처 크립 Feature Creep'입니다.

우리말로 풀이하면 '기능 추가 강박증'입니다.

'이것도 있으면 좋지 않을까? 저것도 있으면 좋겠고…'
이것저것 다 담다 보면 너저분한 문서가 됩니다.
다 담다 보면 많은 정보를 포괄하는 문서가 되겠지만
읽기는 더 어려워집니다.

고민을 많이 한 사람은 '본질'을 알고, 그것에 집중합니다.
핵심을 짚어 뾰족뾰족 모나게 써야 합니다.
고민하는 만큼 그 일의 모서리가 정확히 보입니다.

고민을 많이 한 사람일수록 핵심을 짚어낸다는 사실을
경영진은 이미 알고 있습니다.
그래서 실무자들에게 짧은 문서를 요구하는 것입니다.

문서 작성은
글짓기가 아니다

사람의 신체를 조직에 비유하면 문서는 피와 같습니다.
맑고 깨끗한 피가 온몸 구석구석 흐를 때 신체는 건강합니다.
피가 맑지 않으면 어디에선가 막힘이 생기고, 문제가 불거지겠죠.
문서는 맑고 깨끗해야 합니다.

맑고 깨끗하지 못한 것의 반대는 흐리고 탁한 것입니다.
당신이 쓴 문서를 읽고, 아래 질문에 답해보세요.
만약 세 개 이상의 질문에 '예'라고 답했다면
당신의 문서는 흐리고 탁한 상태입니다.

1. 문서에 군더더기가 많고 우회적인 표현이 많은가?
2. 중요한 것과 중요하지 않은 것이 뒤섞여 있는가?
3. 읽는 사람마다 다르게 해석할 수 있는가?
4. 메시지에 균형감이 없고, 정작 중요한 사항은 드러나지 않았는가?
5. 잘했거나 이로운 사항은 두드러지고, 실패했거나 잘못된 사항은 숨겨져 있는가?

상사는 기록과 의사결정에 도움을 주는 문서를 원합니다.
그들은 당신의 글짓기를 바라지 않습니다.
팩트 외의 말로 문서를 꾸미다 보면 본질이 흐려집니다.

글짓기로 꾸며낸 가짜 문서는 필요 이상으로 화려하죠.

사실 문서는 마음만 먹으면 쉽게 조작할 수 있습니다.
문서에는 '팩트'뿐만 아니라
팩트에 관한 실무자의 '해석'이 꼭 들어가기 때문입니다.
문서를 작성하는 실무자는 '확증 편향'을 주의해야 합니다.

본인 또는 회사에 이로운 정보만 찾고, 보고, 모으다 보면
점점 편협한 사고방식에 빠져들게 됩니다.
이는 의도된 것이 아니라 본능에 의한 것입니다.
하지만 우리는 이성을 통해 자신을 통제할 수 있습니다.

문서의 분량이 많아질수록 본질이 희석되고,
한 방향으로 입장이 경도될 확률이 높습니다.
이때부터는 술이 술을 마시듯, 문서가 문서를 쓰는 상태가 됩니다.
그저 쓰는 데 의미를 두기 시작합니다.

경영진은 이러한 사실을 누구보다 잘 알고 있습니다.
본인들도 그 실무 과정을 겪었기 때문입니다.

실제 대기업 회장실이나 전략팀에서는
이른바 '되는 방향'으로 문서를 쓰는 일이 잦습니다.

해석을 덧붙이다 보면, 팩트에 군더더기가 붙습니다.
일명 문서가 '오염'되는 것이죠.
문서 작성 시에는 팩트 70퍼센트, 해석 30퍼센트로
콘텐츠의 비중을 두는 것이 바람직합니다.
실무자의 과도한 해석만 피해도 문서는 간결해집니다.

짧게 써야 빨리 본다 ③

문서는 짧게 쓰는 게 훨씬 더 어렵습니다.
성공적으로 문서를 작성하려면 쉬운 길로 가면 안 됩니다.
어렵고 먼 길로 돌아가야 합니다.

말보다 글로 하는 보고가 시간이 500배 더 걸립니다.
문서를 한 장으로 간결화하는 작업은 일반 문서를 작성할 때보다
최소 두세 배의 시간이 더 걸립니다.
구두로 보고할 때보다 천 배 이상의 시간이 들죠.

문서는 '생각하는 만큼' 짧아집니다.
문서를 짧게 쓰려면 그만큼 생각의 빈도와 강도가 높아져야 하죠.
원페이지는 그 정도의 시간과 에너지를 투입할 가치가 있을까요?
네, 충분한 가치가 있습니다.

말보다 글이 메시지를 더 정확히 전달합니다.
글로 쓰여 있어야 뜻이 왜곡되지 않습니다.
기록은 결정과 책임의 근거가 됩니다.
쓰여 있어야 메시지가 보존되어 흘러 다닐 수 있습니다.

또한 기록의 의미를 대중화하고 명문화할 수 있습니다.
여러 명에게 동시에 알려야 하는 상황에서는
기록된 메시지만이 왜곡 가능성을 낮출 수 있습니다.
문건의 의미가 비틀리거나 축소, 확대되지 않는다는 뜻입니다.

사장님부터 말단 직원까지 모두에게
있는 그대로 메시지를 전달하려면 꼭 문자화되어야 합니다.

'모두 동의한 상태'를 영어로
'온 더 세임 페이지On the same page'라고 합니다.
이는 문서로 만들어진 상태에서 일어난
다양한 인물의 동일한 이해와 인식을 빗댄 표현입니다.
기록해야만 정확히 전달할 수 있고, 명확히 이해할 수 있습니다.

문서를 쓸 때는 최대한 짧게 써야 합니다.
그래야 빨리 볼 수 있습니다.
빨리 본다는 것은 단지 속도를 말하는 것이 아닙니다.
내용을 건너뛰지 않도록 문장 간 긴장감이 유지되어야 합니다.

국내 최고의 방송인 유재석도
방송에서 30초 이상 이야기하면 편집당한다고 합니다.
긴장감이 떨어지기 때문입니다.
토크가 1분 넘어가면 시청자의 집중력이 떨어집니다.

메시지의 임팩트는 이해하는 데 필요한 시간과 반비례합니다.
읽는 시간이 길수록 메시지 임팩트는 떨어진다는 말입니다.
종이가 아닌 디지털 매체에서는 더 메시지에 집중하기 어렵습니다.
디지털 소통에도 원페이지 철학이 강하게 작동해야 합니다.
빨리 본다는 것은 쉽게 볼 수 있다는 말입니다.

쉽게 읽을 수 있어야 그 문건을 이해하고 적용할 수 있습니다.
읽기 어려우면 사람들은 중간에 메시지를 건너뛰거나 삭제합니다.
노래방에 갔을 때 간주를 넘기거나 1절만 부르는 것과 같습니다.

사람은 본능적으로 보고 싶은 것만 보고, 그것만 기억합니다.
문서가 길어질수록 독자의 자의적 해석 여지가 커집니다.
내가 '아'라고 말했어도 상대방이 '어'라고 들었다면
그 귀책 사유는 나에게 있습니다.

업무 소통에서 최악이 무엇인지 아십니까?
'메시지를 전달했으나 상대방에게 전달되지 않은 상태'입니다.
소통이 된 것도 아니고, 안 된 것도 아닙니다.
다시 소통하려 해도 어디서부터 말해야 할지 애매하기만 합니다.

어려워도 짧게 써야 명확해집니다.

그게 바로 간명(簡明), Simple and Clear한 상태입니다.

무조건 한 장일 필요는 없다

경영진이 무조건 한 장의 문서를 원하는 것은 아닙니다.
세상에 무조건은 없습니다.

"쓸데없이 문서를 길게 쓰지 마라."
원페이지 관련하여 경영진과 인터뷰하며 알게 된 속마음입니다.
경영진들은 결코 한 장짜리 문서를 맹목적으로 원하는 것이 아닙니다.

사안에 따라 문서의 양을 조금씩 늘려도 됩니다.
그분들은 과제가 생소하고 파급효과가 크다면
문서는 몇 장이어도 상관없다고 합니다.

그만한 가치가 있는 것에는 에너지를 써도 된다는 것이지요.

하지만 단순 진행상황, 중간보고용 시행품의서는
굳이 내용이 길 필요가 없습니다.
쓸데없이 긴 문서 대부분은
'겉멋'이나 타성에 젖은 결과물입니다.

무조건 한 장으로 줄여야 한다는 강박을 버리세요.
그 강박감 때문에 오히려 부작용이 발생할 수 있습니다.
한 장에 맞추다가 사안의 중요도가 망각되는 사례를 간혹 봅니다.
이것저것 빼다 보니 알맹이까지 축소되기도 하고요.
경영진은 절대로 그런 사태를 바라지 않습니다.

사안의 중요성에 비례하게 문서를 작성하십시오.
만일 해외 진출 전략이나 신상품 출시 전략을
한 장에 담는다면 어떤 일이 벌어질까요?
문서의 깊이가 떨어져 의사결정이 이루어지지 않을 수 있습니다.

원페이지의 본질은

**필요한 내용만 집중해서 담고, 잡소리는 걷어내는 데 있습니다.
이 본질만 지키면 세 장짜리 문서도 원페이지와 다름없습니다.**
문건이 한 장을 넘겼다고 집어던지는 경영진이 있다면
그 회사에 오래 다니지 마세요. 명命 짧아집니다.

원페이지의 부작용 사례를 들어보겠습니다.
모 회사는 원페이지에 과도하게 집착했습니다.
'원페이지 준수율'이라는 지표까지 만들어 본부 KPI로 반영했죠.
연말에 공유 서버에 한 장의 문서가 남겨져 있는지를 조사했습니다.
과연 어떤 일이 벌어졌을까요?

모 회사는 사전 의사결정을 위해
수십 장의 문서가 경영진에게 올라갑니다.
협의 끝에 최종 구두 허가가 나겠지요?
그러면 그때 원페이지로 문서를 다시 만듭니다.
KPI 평가를 잘 받기 위해 흔적을 남기는 것이지요.

나중에는 종이 사용량까지 제한했습니다.
본부마다 종이 배분 수량을 관리하는 담당자가 생겼고,

분기별로 인당 사용 가능한 종이 수량을 제한했죠.
출력을 적게 하면 원페이지의 효율이 올라가리라 여긴 겁니다.
직원들은 직접 A4용지를 사와서 문서를 출력했습니다.

원페이지의 취지를 왜곡해서 인식한 실패 사례입니다.

**원페이지의 취지는 핵심적인 내용으로만 소통하고
사안을 정리하면서 스피드와 효율을 높이는 겁니다.**
하지만 현장에서 원페이지의 본래 취지를 잃고
기계적 활동으로 전락해 실무자들을 괴롭히기 일쑤입니다.

비슷한 예가 하나 더 있습니다.
요즘 국내외 선진사에서 '제로 PPT' 운동을 많이 시도합니다.
아예 PPT를 오피스 프로그램에서 삭제하거나
설치를 제한하기도 합니다.

PPT가 미워서 그런 것이 아닙니다.
메시지가 불분명하고, 본질이 흐린 문서를 쓰지 않도록
업무 환경에 제약을 두자는 것이 제로 PPT의 취지입니다.

'잡소리는 걷어내라'는 경영진의 마음은 한결같습니다.

하지만 부작용이 생겼습니다.
PPT를 쓰지 못하니 엑셀로 유사 문서를 만드는 겁니다.
실무자의 시간은 곱절로 늘고, 실익을 챙길 수 없는 거지요.
이게 다 원페이지를 기계적으로 이해한 결과입니다.

'잡소리 하지 말고, 본질에 집중하재!'
다시 한 번 말하지만, 이것이 원페이지 철학입니다.
이 책을 보는 실무진과 경영진 모두 공감하시리라 믿습니다.

여러분이 실무진이라면, 기계적 원페이지에 함몰되어
아이디어의 폭을 줄이거나 실무자로서의 꿈을 축소하지 마십시오.
여러분이 결재자나 경영진이라면
실무진이 일을 곱절로 하게 만드는 이상한 제약을 만들지 마십시오.

모든 문서가 무조건 원페이지일 필요는 없습니다.
문서에 담긴 메시지 양이 너무 많아 문제일 때가 있고,
반대로 메시지 양이 너무 적어 문제일 때가 있는 겁니다.

상황에 적합한 문서 형식을 취하라

원페이지가 필요한 상황을
아래 네 가지로 구분하여 생각해봅시다.
1번은 **경영진과 실무자 모두가 중요하게 생각하는 안건**입니다.
할 얘기가 많고, 검토할 사항도 많은 영역입니다.

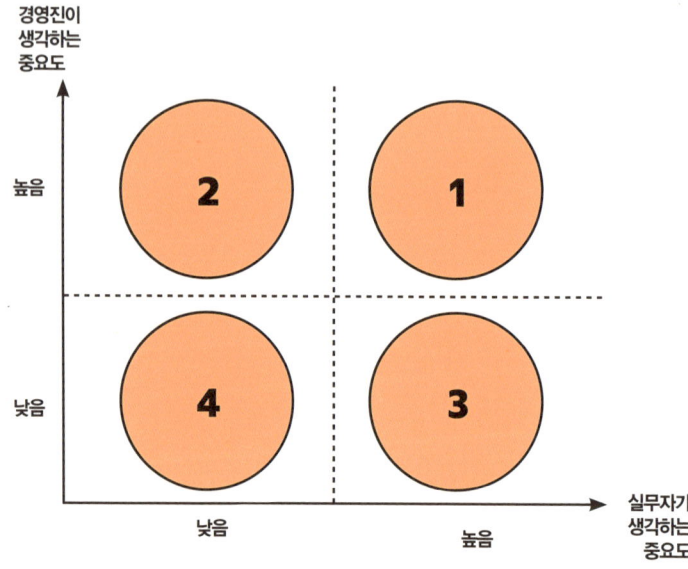

이 경우에는 원페이지보다는
다섯 장 내외의 기획 문서로 접근하는 것이 좋습니다.
과격한 함축에 매몰되어 사안의 중요성이 사멸되면 안 됩니다.

2번은 **경영진은 중요하게 생각하고
실무자는 그 중요성을 모르는 안건**입니다.
실무자가 너무 단순하게 접근해 사안의 심각성을 모르거나
과제를 처음 접하여 생소한 경우에 해당합니다.

가장 어렵고 위험한 상황입니다.
경영진의 의중과 과제의 핵심을 모르니
원페이지로 정리하기 가장 어렵습니다.

이때는 반 박자 천천히 가봅시다.
가볍게 자료부디 정리해 경영진의 의중을 먼저 확인합니다.
복싱에서 가벼운 잽을 날리는 것처럼요.

경영진의 의견을 좀 더 확인하여
어떤 내용을 보고받기를 원하는지 먼저 파악합니다.

무리한 원페이지로 접근하여 사안을 대충 때우지 말아야 합니다.

3번은 **실무자가 중요하게 생각하지만
경영진은 중요하지 않게 여기는 안건**입니다.
정밀하게 설계된 설득형 원페이지가 필요한 상황입니다.
일단 보기 쉽게 하여 이목을 끌고
잠자고 있는 경영진의 관심을 일깨우는 전략이 필요합니다.
중요한 정보가 묻히지 않도록 논리와 표현에 공을 들여야 합니다.

4번은 **경영진과 실무자 모두 중요도가 높지 않다고 보는 안건**입니다.
이때는 **무조건 원페이지**입니다.
원페이지가 아니면 혼나는 상황입니다.
경영진이 결재하는 데 에너지를 소비하지 않되
중요한 포인트를 챙겨볼 수 있는 원페이지 문서가 필요합니다.

그런데 우리의 현실은 어떤가요?
우리는 문서를 쓸 때 본능적으로 아래의 행동을 합니다.
'많이 알면 많이 쓰고, 조금 알면 적게 쓰거나 빼버린다.'
동의하시죠?

그래서 4번 안건에는 많은 분량의 문서가 작성됩니다.
경영진은 중요하지 않은 안건에
정성과 시간을 투입하는 문서가 너무 싫습니다.
문서를 봐야 하는 그 상황도 싫습니다.
더 싫은 것은 그 문서를 써온 실무자의 일하는 방식입니다.

2번 안건에는 과도하게 적은 분량의 문서가 올라갑니다.
분량이 적다기보다는 내용이 부실한 것이 정확한 표현이겠네요.
결재자는 중요한 내용이 빠진 문서를 받으면 당황스럽습니다.

원페이지는 아무 때나 성공하는 것이 아닙니다.

가벼운 사안은 빨리, 부담 없이 확인하게 해주고
중요한 사안에는 상대적으로 분량과 메시지의 양을 늘리되
최대한 간략하게 쓰는 것이 원페이지 철학입니다.
그게 가장 현명한 원페이지입니다.

ONE PAGER

문서를 검토자 관점으로 먼저 바라보고,
검토자가 원하는 핵심 니즈를 발견하여
한 장의 문서로 정리해 전달하는 실무자는 원페이저입니다.
단순히 내용을 줄이는 것이 아니라
문서의 근본적인 목표를 파악해야 합니다.
원페이저는 다음 네 가지의 기본 원칙을 고수합니다.

Rule 1

긴 문서는 짜증을 부른다.

누구나 반색할 간결한 문서를 작성한다.

Rule 2

글에 'MSG'를 넣지 않는다.
팩트 70퍼센트, 해석 30퍼센트의
비중이 바람직하다.

Rule 3

짧게 쓴다.
글이 길면 메시지를 전달해도
상대방에게 메시지가 전달되지 않는
상황이 발생한다.

Rule 4

유동적으로 접근한다.
모든 문서가 무조건 원페이지일 필요는 없다.

ONE PAGER

2

무엇이

원페이지를 가능하게 하는가

What Makes One Page Possible?

경영진이 감동하는
문서의 세 가지 요건

D그룹 회장님의 일상을 담은 다큐멘터리를 본 적이 있습니다. 평소 모습을 여과 없이 보여주는 콘셉트의 다큐멘터리였죠. 그중 기억에 남는 장면을 소개하겠습니다.

연출진이 회장님에게 물었습니다.
"그 자리에 계시면 좋으시겠어요. 편하게 돈도 많이 버시고…"
회장님은 무어라 답하셨을까요?
"집무실에서 결재하면서 화초나 기르고 있으면 참 행복합니다."
이렇게 말했을까요? 아닙니다.

회장님은 숨을 한 번 고르고 이렇게 답했습니다.
"나랑 한번 역할 바꿔서 해보실래요?"
힘들고 바쁜 것은 물론 어깨가 무겁다고 말씀하셨죠.

기업의 책임자들은 아주 바쁩니다.
시간을 쪼개고 쪼개서 쓰는 분들이죠.
팀장부터 회장까지 모두 바쁘게 움직입니다.
그러니 짧고 굵은 문서, 즉 원페이지를 원하는 것은 당연합니다.

애플 Apple 의 마케팅 3원칙은 아래와 같습니다.

    1. 고객에 공감한다.

    2. 중요하지 않은 것은 과감히 버린다.

    3. 제품으로 강한 인상을 남긴다.

이 3원칙을 원페이지 상황으로 재해석하면 아래와 같습니다.

    1. 경영진(독자)의 입장에 공감한다.

    2. 경영진(독자)에게 중요하지 않은 내용은 과감히 삭제한다.

    3. 간결한 메시지로 경영진(독자)에게 강한 인상을 남긴다.

상품이든 문서든 성공하기 위해서는 가장 먼저
핵심 고객의 입장을 정확히 이해하고 공감해야 합니다.
원페이지의 성공 비결은 경영진에 대한 공감에 있습니다.

그렇다면 경영진은 원페이지에 무엇을 기대할까요?
실무자라면 이 기대를 잘 알고 원페이지를 만들어야 합니다.
내가 쓰는 문서가 움직이는 맥락과 환경을 알아야
전략적으로 대응할 수 있기 때문입니다.

"위에서 하도 닦달하면서 원페이지 쓰라니까 쓰는 겁니다.
우리 같은 노비가 뭘 알고 하나요.
한 장으로 쓰라니까 어쩔 수 없이 그러는 거죠."
이런 수동적인 마인드를 가진 사람에게 발전은 없습니다.

내가 업무적으로 수행해야 하는 일과
이해당사자의 요구사항을 빨리 간파하고,
내가 이길 수 있는 전략을 짜서 대응해야 합니다.
그래야 성과도 나고, 나의 정신 건강과 존엄성을 챙길 수 있습니다.

사실 경영진이 긴 문서를 싫어하는 이유는 차고 넘칩니다.
그중 이제부터 언급할 세 가지 문서 작성 포인트는
이후에 다루는 **원페이지 작성 스킬의 근간**이 됩니다.

첫째, 본질이 '데코'에 묻히지 않도록 하라!

문서의 내용이 좋다면, 표현이 투박해도 견딜 만합니다.
경영진이 가장 싫어하는 상황은 그 반대입니다.
내용은 별거 없는데 디자인만 신경 쓴 문서는 너무 싫습니다.

쓸데없이 도형 넣어서 양 늘리고
맥없이 피라미드 세워서 단계만 부풀리고
실없이 3차원 효과와 그러데이션 효과에만 힘을 준
문서를 경영진은 아주 혐오합니다.

그럴 때 경영진이 질타하는 멘트가 있습니다.
"어디서 못된 것만 배워서…"
잔기술 쓸 시간에 분석을 더하라는 것이 경영진의 요구입니다.

예쁜 것과 정갈한 것은 다릅니다.
화려한 것과 보기 편한 것은 다릅니다.
내용이 많은 것과 깊이 있는 것은 다릅니다.

둘째, 과정이 아닌 결과를, 고생이 아닌 고민을 보고 싶다!

경영진은 과정이 아닌 결과를 더 많이 보고 싶어 합니다.
이는 업무 과정이 중요하지 않다는 이야기가 아닙니다.
문서 작업 과정이 결재에서 중요하지 않다는 것을 말합니다.

실무자가 하는 고민의 최종 결과물이 문서입니다.
고민의 결과만 쓰면 되는데, 우리는 고민의 과정까지 기록합니다.

한 줄의 분석 결과면 충분한 내용을
분석 과정까지 살려두면 문서가 길어질 수밖에 없습니다.
고민의 과정이 아닌 고민의 결과를 써야
원페이지가 성공합니다.

실무자들은 문서가 두툼하면 뿌듯합니다.
내가 이렇게 고생했으니, 그 고생을 좀 알아주기 바랍니다.
하지만 경영진은 문서가 두툼하면 당황합니다.
경영진의 눈에 고생한 것과 고민한 것은 다르게 보입니다.

실무자의 고생은 많은 양으로 자랑할 수 있겠지만
실무자의 고민은 적은 양으로 검증됩니다.

셋째, 읽는 수고로움을 덜어주기 바란다!

읽기에는 노력이 수반됩니다.
"쓰여 있으면 알겠지, 보겠지."라고 생각하지 마십시오.

**기록된 메시지가 상대에게 온전히 전달될 확률은
20퍼센트 미만입니다.**

누구나 텍스트를 읽을 때는 인내심이 필요합니다.
만나서 대화하는 것보다 더 많이 집중해야 하고,
행간의 의미와 메시지 구조를 파악하면서 읽어야 합니다.

다른 사람이 쓴 문서를 집중해서 읽은 적이 있나요?
술술 읽히는 글은 흔치 않습니다.
집중해서 마음먹고 보아야 이해됩니다.

문서를 쓰는 과정의 수고로움도 있지만,
그 문서를 읽는 데 드는 수고로움도 무시할 수 없습니다.

결재자가 내 문서를 성의 있게 읽어주기 바란다면,

실무자는 문서의 양을 줄여주는 성의를 먼저 보여야 합니다.

길지 않은 문서를 볼 때 결재자의 총명함이 유지됩니다.
그래야만 읽은 그 자리에서 판단하고 결정할 수 있습니다.

긴 문서를 보는 과정에서 수반되는 수고와 에너지 고갈은
빠른 판단을 막는 장애물입니다.
자칫하면 문서를 보는 과정이 '판단'이 아닌
'확인과 조사' 과정으로 변질될 수 있습니다.

읽는 수고로움의 원인이 하나 더 있습니다!
보통 40대 후반이 되면 노안이 옵니다.
리더의 연령대는 보통 40대 중반 이상입니다.
(물론 요즘에는 30대 후반의 임원도 있습니다만.)

문서 검토 과정에서 흐릿하게 보이는 글자는
경영진의 인내심과 판단력을 더욱 취약하게 만듭니다.
이럴 때 **빨리 볼 수 있는 문서가** 고맙고 반갑습니다.

압축 No,
함축 Yes

②

원페이지를 작성할 때 실무자들은 종종 갈피를 못 잡습니다.
비유하자면, 냉탕과 온탕 중 하나로 생각하는 겁니다.

몸에 이로운 적절한 온도를 찾아야 하듯이,
원페이지 작성 시에는 분량의 수준과 내용의 깊이 사이에서
균형을 잘 잡아야 합니다.

원페이지를 '압축'해서 쓰면 안 됩니다.
압축은 평소 쓰던 문서를 '물리적'으로 줄이는 것을 말합니다.
글자 포인트를 낮추고, 위아래 줄 간격을 줄이고,
여백을 줄여 꽉 눌러 작게 쓰는 겁니다.

압축은 문서 작업에 서툰 사람들이 쉽게 선택하는 방법이죠.
이는 메시지의 비만 상태가 심각한 가짜 원페이지입니다.

원페이지를 '생략'해서 쓰면 안 됩니다.
이거저거 다 빼 먹어서 의사결정이 안 되는 수준까지
내용을 날려버리면 곤란합니다.
문단을 들어내거나, 불완전한 문장을 쓴다거나,
스토리 없는 단어들만 나열한 문서는 무가치합니다.

**생략은 작성자 본인이 아니면 내용을 알 수 없는 수준까지
극단적으로 분량을 줄이는 겁니다.**

이는 줄인다기보다 삭제하거나 빼먹는 것에 가깝습니다.
이런 유형의 문서는 타인이 메시지를 이해할 수 없으므로
생명력이 없습니다.
흡사 수분이 쫙 빠지고 형체만 남은 미라 같은 문서입니다.

원페이지는 '함축'해서 써야 합니다.
함축은 '뜻을 유지한 상태에서 형태를 최소화하는 것'을 말합니다.
중요한 것은 논리와 맥락을 유지한 최소 수준입니다.
가장 건강하고 간결한 원페이지의 상태는 함축입니다.

함축은 중요한 사항만 선별해 현실적으로 와 닿게 표현하는 것입니다.
연암 박지원 선생님은 함축에 관해 이렇게 말했습니다.
"상세하되 비만하지 않고, 간결하되 뼈가 드러나지 않는 것."

단, 몇 가지 유의할 사항이 있습니다.
첫째, 실무자 입장에서 함축하면 안 됩니다.
자기 편한 대로 늘리고 줄이는 것은 이기적인 함축입니다.

함축할 때는 경영진 입장을 견지하면서
중요한 것은 충분히 다루고, 덜 중요한 것은 조금만 다룹니다.
객관적인 함축이 진짜 함축입니다.

함축은 구성과 표현에 녹아들어야 합니다.
함축의 철학은 결국 상황에 따른 유연함입니다.
메시지에 따라 함축 방식이 달라야 한다는 것이지요.
이는 문서의 메시지 구성과 표현에도 그대로 반영되어야 합니다.

중요한 메시지는 더 많이 구성하고
덜 중요한 메시지는 더 적게 구성해야 함축입니다.

중요한 메시지는 더 강하고 섬세하게 표현하고
덜 중요한 메시지는 정돈해서 가볍게 표현해야 합니다.

원페이지 메시지를 구성할 때는
'강, 약, 중, 강, 약의 템포 조절'이 있어야 하며
'강조, 반복, 디테일, 정돈' 등 다양한 수사 방식을 활용합니다.
3장에서 어떻게 함축 전략을 쓰는지 소개하겠습니다.

핵심만 전달해 찰나에 승부하라

원페이지 문서는 포스터 poster 와 유사합니다.
우리가 익히 알고 있는 벽에 붙어 있는 포스터 말이지요.
인터넷상에서는 배너라고 볼 수 있겠네요.

구글에서 '포스터'로 검색했을 때 나오는 이미지들을 보세요.

선거 후보자 소개, 이벤트 공지, 제도 홍보 등에 대한
포스터나 배너가 상당히 많습니다.

**포스터의 목적은 사람들의 이목을 단번에 끌어
주최 측이 알리고자 하는 정보를 정확하게 전달하는 것입니다.**
말 그대로 '찰나의 승부'입니다.
훅 봐도 쏙 알아듣게 하려면, 피나는 노력이 필요합니다.

두 장짜리 포스터는 없습니다.
한 장에 최대한 많은 것을 담아야 하지만 복잡하면 안 됩니다.
내용은 많아야 하지만 표현은 적어야 합니다.
대단히 역설적이지요.

잘 만들어진 포스터를 뜯어보면
내용과 배경을 충분히 보여주면서도
세세한 내용까지 다루지는 않습니다.
원페이지가 가진 **함축의 철학**과 고스란히 일치합니다.

가령 한 지역 행사의 주최자로서

지역주민 대상의 안내 포스터를 만든다고 생각해봅시다.
한 장에 넣을 핵심적 요소를 선별해야 합니다.

행사의 목적이나 매력 포인트를 강하게 보여줘야 하지만
행사 준비 과정은 알려줄 필요가 없습니다.
기간, 장소, 참가비 등 행사의 개요는 정확히 전달해야 하지만
주차 장소, 유아 동반 할인 여부 등은 알려줄 필요가 없습니다.
홈페이지의 세부 안내사항을 참조하라고 하면 그만입니다.

포스터를 만들 때는 전체 맥락을 유지하면서
중요한 정보를 선별해서 보여주되
TMI **Too Much Information** 상태가 되지 않도록 해야 합니다.

원페이지도 마찬가지입니다.
거시적이고 대승적인 것은 필수,
미시적이고 부수적인 것은 선택입니다.
그 기준은 '경영진의 입장에서 필요한가'에 두어야겠지요.

차상위자의 눈으로 접근하라

원페이지를 작성할 때는
벌레의 시야 Worm's View **가 아닌**
새의 시야 Bird's View **로 크고 넓게 봐야 합니다.**
길가의 꽃을 보기보다는 전체 루트와 경로를 보세요.

그러면 보는 눈이 달라집니다.
'꽃이 노랗네, 벌이 있네'와 같은 지엽적인 정보가 사라지고,
총 몇 킬로미터인지, 중간에 장애물은 없는지,
얼마나 걸릴 것인지와 같은 거시적인 정보가 선별됩니다.

'선별'은 '가려서 따로 나눈다'라는 뜻을 가진 단어입니다.
'선별력'은 원페이지 상황에서 아주 중요합니다.

선별하려면 문서를 작성할 때

실무자가 아닌 결재자의 입장에서 보아야 합니다.
정확히 말하면, **'차상위자' 입장을 견지해야 합니다.**
차상위자는 본인의 '위 위 상사'를 말합니다.
조직 편제상 두 단계 위의 인물입니다.

좋은 원페이지를 작성하기 위해서는
1차 상사인 팀장을 넘어
2차 상사인 본부장 또는 사장단의 입장을 헤아려야 합니다.
그러면 원페이지 내용의 기준이 다시 보입니다.
(아시죠? 문서는 나를 위해 쓰는 것이 아니라
타인과 회사를 위해 쓰는 겁니다.
쓰는 주체는 나지만, 대상은 타인입니다.)

**원페이지 문서를 쓸 때는 항상 팀장이 아니라
경영진을 상대로 작성해야 합니다.**
독자를 팀장으로 정하면 문서에는 실무적 이야기가 넘쳐납니다.

하지만 경영진으로 타깃이 상향된 문서에는
실무적인 내용을 넘어 정무적 판단이 담기게 됩니다.

훨씬 더 거시적이고 굵직한 내용이 담깁니다.
**'사장님께 꼭 전달할 내용인가?'라는
의구심을 항상 가지십시오.**
실무자인 내가 '중요한가?'라는 의문이 들 정도라면
그것은 과감히 빼도 됩니다.

혹은 빼지 않고 '뒷방', 즉 별첨으로 돌리면 됩니다.
완전히 버리라는 것이 아니니 걱정하지 마십시오.
'별첨'도 엄연히 문서입니다.

지금까지 제가 모셔본 경영진은 문서를 빨리 보셨습니다.
예컨대 열 장짜리 기획서는 한 장당 길면 10초 정도 보셨습니다.
원페이지 상황이라면 한 단락에 5~7초 정도 보셨지요.
한 장 다 보시는 경우는 1분 이내입니다.

오해하지 마십시오.
그분들은 주마간산으로 문서를 휘뚜루마뚜루 보는 것은 아닙니다.

문서를 받아 든 결재자는 두 가지 희망이 있습니다.

첫째, 빨리 보고 실무자와 얘기하고 싶어 합니다.
바쁜 와중에 실무자가 찾아오면 반갑기도 하고
현실적인 실무 얘기를 더 듣고 싶습니다.

실무자를 옆에 앉혀놓고 쥐 잡듯이 파고들만 한 문서라면
애초에 본인이 직접 관할합니다.
결재자는 적절한 규모의 과제를 실무자에게 맡기되
돌아가는 현장 얘기나 애로사항을 듣고 싶어 합니다.

**둘째, 큰 맥락에서 이해되고 동의하는 상황이라면
작은 실행 사항은 실무자에게 맡기고자 합니다.**
위로 올라갈수록 큰일부터 알고 싶어 합니다.
거시적 맥락이 동의되면 일단 수용하고 결재하는 것이
미덕임을 그분들은 이미 잘 알고 있지요.

그래서 딱 볼 것만 보려고 합니다.
자신이 중요하게 생각하는 항목에 문제나 결격은 없는지,
과제가 순탄할 것인지에 집중합니다.
그게 바로 '대승적 맥락'입니다.

원페이지 문서에도 딱 볼 것만 쓰여 있어야 합니다.

대승적 맥락에서 말입니다.

실무자가 아닌 책임자의 입장에서

어떤 실무자는 문서에 쓰고 싶은 말이 너무 많다고 합니다.
다 중요한데 어떻게 줄여야 할지 모르겠다고 토로하죠.
이것 빼고 저것 빼면 문서의 메시지 효력이 떨어질까 걱정합니다.
하지만 많은 걸 말하지 않고도 상대방을 설득할 수 있습니다.

사람은 눈앞에 보이는 대로 생각합니다.
실무자로 10년 정도 살면 머릿속은 항상 견적서 위주로 돌아갑니다.

그러면 자잘한 내용이 눈에 아른거립니다.
본의 아니게 그렇게 됩니다.

그래서 마구잡이로 쓰는 문서는 내용이 자잘해집니다.

저도 실무자에서 팀장이 되면서 문서를 보는 눈이 달라졌습니다.
팀장이 되면 확실히 시야가 넓어집니다.
임원이 되면 시야가 더 크고 넓어지겠지요?

그러므로 책임자로서 문서 쓰는 연습을 해야 합니다.
문서의 고객 입장이 되어 보는 것입니다.
이게 바로 '고객 중심Customer Centric',
즉 '고객 입장을 취하여 모든 상태를 최적화하는 것'입니다.

"책임자(결재자) 입장에서 써라." "크게 보면서 써라."
말은 참 쉽습니다.
막상 그렇게 하려면 정말 어렵습니다.
실무자는 책임자의 일을 직접 겪어보지 않았으니까요.

책임자의 입장에서 비거 게임Bigger Game을 시작해보세요.
책임자의 **감각, 시야, 접근 각도**를 가지면 좋겠습니다.

책임자는 '무엇을 할 건지'보다 '왜 할 것인지'를 먼저 봅니다.
'What'보다 'Why'

'달성하는 것'보다 '기여하는 것, 공헌하는 것'을 먼저 봅니다.
'Output'보다 'Outcome'

'현상'보다 '구조/환경'을 먼저 봅니다.
'Symptom'보다 'System/Structure'

'실적'보다 '비즈니스, 이익 구조'를 먼저 봅니다.
'Result'보다 'Business'

'행동'보다 '전략'을 먼저 봅니다.
'Activity'보다 'Strategy'

'이익'보다 '효과성'을 먼저 봅니다.
'Margin'보다 'Effectiveness'

'비용'보다 '개선성'을 먼저 봅니다.
'Cost'보다 'Improvement'

'나/우리'보다 '고객/현장/회사'을 먼저 봅니다.
'Team'보다 'Customer/Enterprise'

'지금/단기'보다 '미래/장기'를 먼저 봅니다.
'Now/Short Term'보다 'Future/Long Term'

'세부경비'보다 '총액'을 봅니다.

'Cost'보다 'Budget'
'어느 시점에 무엇을 하는지'보다
'총 소요기간과 주요 추진단계'를 봅니다.
'Task'보다 'Process & Procedure'

이처럼 실무자가 아닌 책임자로서 사안을 보면
확실히 시야의 결이 달라집니다.
군사인 내가 실제 전장에 나가 뛰더라도
장군의 입장에서 전쟁의 구조를 이해하십시오.

참고로, 큰 그림 위주로 원페이지를 작성하라는 것이
세부정보를 다 빼라는 말은 아닙니다.
큰 맥락 속에서 중요한 수치들은 꼭 살려야 합니다.
그래야 결재받습니다.

무조건 성공하는
분할 정복 전략

'디바이드 앤 컨커Divide and Conquer'라는 영어 표현이 있습니다.
'분할 정복'이라 해석할 수 있는 이 말의 뜻은
'동일한 유형별로 문제를 나누어
본래 문제를 해결하는 방식'입니다.

원페이지 작성 상황으로 풀어보면
'하나의 기획 과제를 분석하고 실행하는 데 있어
작은 건으로 쪼개서 작은 보고를 여러 번 하면서
궁극적으로는 큰 기획 보고를 완료하는 방식'이 됩니다.

원페이지를 쓰는 과정에서
한 번의 보고로 결재를 받아내려는 욕심을 버려야 합니다.
덩어리가 큰 기획 과제일수록
보고를 한 번에 마치는 것은 사실상 불가능합니다.

한 번의 보고에 모든 것을 쏟아붓는
메시지 폭탄 Message Bomb **전략으로는**
원페이지 작성에 성공할 수 없습니다.
설령 한 장으로 줄였어도 결재 획득에는 실패할 수 있습니다.

단 한 번에 모든 것을 해결하는
도깨비방망이 같은 원페이지 문서는 없습니다.
적절한 타이밍에, 적절한 분량으로 작성한 문서가
순차적으로 보고되어야 합니다.
그래야 원페이지가 위력을 발휘합니다.

이해하기 쉽게 비유하자면,
원페이지 작성 과정은 '영화가 아닌 드라마'로 접근되어야 합니다.
한 편에 두세 시간의 러닝타임을 가진 영화가 아니라
약 50분 정도로 러닝 시간은 짧지만 몇 부작으로 나뉘어
스토리가 이어지는 드라마처럼 묶어가는 것입니다.

전체 업무수행 과정에서 보고 횟수를 줄이면
건당 보고 내용의 분량이 늘어날 수밖에 없습니다.

지속적으로 보고하는 과정이 있다면, 문서는 짧아져도 됩니다.

상사가 싫고, 어렵고, 무섭다고 보고 횟수를 줄이면 안 됩니다.
업무수행 과정에서 상시 커뮤니케이션은 필수입니다.
나를 위해서도, 상사를 위해서도, 회사를 위해서도 필수입니다.

쪼개서 보고하는 것을 오해하지 마십시오.
단 건의 부스러기를 잘라서 보고하라는 말이 아닙니다.
그림을 보면 '분할 정복' 전략을 빠르게 이해할 수 있습니다.

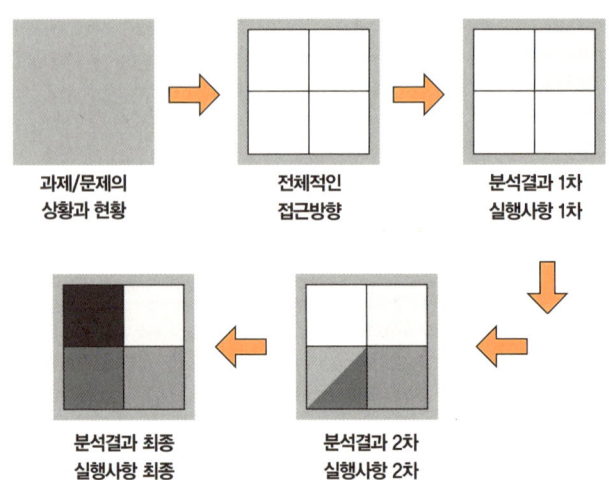

분할 정복 전략(전체와 부분의 조화가 관건)

전체와 부분이 조화를 이루되 '초기-중간-결과'가 맞물린 보고서가
지속적으로 제공되는 상황에서, 원페이지는 힘을 발휘합니다.
한 번에 모든 것을 설명하면 설득 효과는 떨어질 수밖에 없습니다.

'미리미리 짧게 짧게'가 원페이지 성공 전략입니다.
미리 작게 쪼개서 보고하면, 몇 가지 좋은 점이 있습니다.

첫째, 분위기를 파악할 수 있습니다.
보고의 방향이 무엇인지 각도를 잡는 겁니다.
경영진의 의중을 알아내는 것 이상의 성공 요인은 없습니다.
'원하는 것, 중요한 것은 딱 이거구나'를 알면
그것을 중심으로 원페이지 작업을 수월하게 할 수 있습니다.

둘째, 누적 100페이지의 문서일지라도,
최종 결재에서는 원페이지가 가능해집니다.
경영진을 열 번 만나도 그 만남은 과정이지 최종 보고가 아닙니다.
중간보고에서는 원페이지의 압박에서 다소 벗어날 수 있지요.
여러 장의 자료를 구두로 설명하면서
경영진의 관심을 사고, 이해도를 높이는 사전 작업이 중요합니다.

수십 장의 자료일지라도

중간보고로 경영진의 이해도를 확보했다면

그 자료는 원페이지에 한 줄로 들어가도 괜찮습니다.

(기존 보고자료들을 별첨해도 의사결정에 지장을 주지 않습니다.)

뺄 때 확실히 빼서 별첨하라

'낄끼빠빠'는 '낄 때 끼고 빠질 때 빠진다'의 줄임말입니다.
눈치껏 분위기 파악하면서 융통성 있게 행동하라는 말인데
원페이지에 들어가는 메시지들은 '낄끼빠빠'여야 합니다.
그래야 문서가 짧아지고, 야무진 인상을 줄 수 있습니다.

원페이지의 성패는 얼마나 정성스레 잘 빼느냐에 달려 있습니다.
뺀다는 것에 대해 오해하지 마십시오.
이는 중요한 것을 버리는 게 아닙니다.

경영진의 눈앞에 안 보이게 치워버리는 것도 아닙니다.

'빼다'의 진의는 '삭제/제거Delete/Eliminate'가 아닙니다.
'뒤로 빼다, 위치를 뒤로 돌리다'라는 뜻의
'백업Back Up', '시프트Shift', '트랜스퍼Transfer'에 더 가깝습니다.
내용을 버린다고 생각하지 말고, 위치를 바꾼다고 생각하세요.

빼는 행위를 너무 기계적으로 적용하지 마십시오.
앞서 '무조건적인 원페이지는 없다'라고 여러 번 말했습니다.
상대적으로 덜 중요한 사항은 별첨으로 빼면 됩니다.

이는 흡사 계륵鷄肋에 비유할 수 있습니다.
버리기 애매하지만 살려둘 만한 가치도 없는 메시지들을
별첨으로 보내면 됩니다.

좋은 원페이시의 상태는 공작새와 유사합니다.
머리와 몸통이 앞에 있고, 꼬리는 뒤에 있습니다.
머리와 몸통은 생명을 유지하고 환경에 반응하는 핵심 기관입니다.
반드시 존재해야 생명이 유지될 수 있는 기관이지요.

이는 문서로 치면 가장 중요한 맥락 메시지로
메인 페이지에 존재해야 합니다.

꼬리의 깃털은 화려하지만 가볍습니다.
아름다움을 부각하지만 자칫 비대해 보일 수 있습니다.
있으면 좋지만 없어도 생명에 문제되지 않습니다.
공작새의 꼬리에 해당하는 것이 별첨입니다.

별첨으로 뺀다고 해서 삭제되는 것은 아닙니다.
해당 문서의 테두리 안에 같이 있는 겁니다.
콜을 받으면 바로 투입될 수 있는 지원병의 입장으로
외부에서 대기한다고 보면 됩니다.
별첨은 주연은 아니지만 조연의 역할은 충분히 할 수 있습니다.

그렇다고 모든 내용을 살려서 별첨으로 빼면 안 됩니다.
간결함이라는 원페이지의 철학이 흔들리기 때문입니다.
메인 페이지는 한 장인데, 별첨으로 열 장이 붙으면
그것이 원페이지일까요?

별첨도 선별해서 붙여야 합니다.

그렇다면 어떤 메시지를 살리고, 어떤 메시지를 버려야 할까요?
별첨으로 가야 하는 메시지는 아래와 같습니다.

1. 의사결정에 필요하지만 문서를 읽으며 즉시 확인하지 않아도 되는 자료
2. 기존 보고를 통해 상호 합의되어 구체적 설명이 필요 없는 자료
3. 논리 전개상 중요한 수치나 계획의 근거를 담은 자료
4. 문서에서 다루는 핵심 수치와 관련성이 높은 분석 자료
5. 최종 결재 이후에 근거로 동봉되어야 하는 자료

이러한 자료는 별첨에라도 살아 있어야 합니다.
여차하면 투입되는 지원군의 역할을 하기 때문입니다.

별첨에도 살리지 말아야 하는 메시지는 아래와 같습니다.
이러한 메시지를 가진 자료는 실무자의 PC에 남겨두면 됩니다.

1. 가공되지 않은 날것의 1차 자료
   (서베이 결과물, 인터뷰 녹취록, 시장조사 결과 등)
2. 실무자가 분석하는 과정에서 만든 보충 자료
3. 문서에 실린 지표, 계획, 수치 등과 연관성이 없는 자료

보고서가 존재하는 이유는
미래의 기점에서는 방향과 실행계획을 약속하는 것이고
현재에서는 상호간 인식과 이해를 동일하게 만드는 것이고
과거의 기점에서는 기록으로 책임과 근거를 잡는 것입니다.

원페이지는 짧은 보고서입니다.
하지만 짧기만 하면 된다는 것은 아닙니다.
==짧지만 문서로서 가져야 하는 본질이 유지되어야 합니다.==
==별첨이 있어서 우리는 원페이지를 과감히 쓸 수 있습니다.==
별첨은 메이저가 빛나도록 후방 지원하는 마이너 역할을 합니다.

"어떤 것은 빼고, 어떤 것을 살릴까?"
"이거 빼면 경영진이 알아볼까?"
"이거 살리면 너무 많은 거 아닌가?"

이런 고민에 빠져 있다면
지금부터 제시하는 몇 가지 기준을 가지고 별첨 영역을 정하십시오.
본문이면 In, 별첨이면 Out으로 간단하게 설명하겠습니다.

1. 조금이라도 'TMI'라고 느낀다면 OUT

잔말 말고 '무조건 별첨'입니다.

실무자가 TMI라고 느낀다면 경영진에게는 더욱 그렇습니다.

2. 의사결정에 영향을 주면 In

의사결정에 영향을 미치는 것이라면 In입니다.

3. 방향과 맥락에 해당하면 In

방향과 맥락에 영향을 미치는 내용이면 In입니다.

경영진의 거시적 결정에 필요한 사항이면 In이라는 겁니다.

크게 결정되어야 하는, 일명 **'가르마를 타야 하는'** 사항은

숨김 없이 명확하게 본문에 나타나야 합니다.

'방향과 맥락에 맞는지 안 맞는지'가 헷갈린다면

'실무적인가? 정무적인가?'를 생각하십시오.

실무적인 것은 추진하는 담당자의 입장에서 챙겨야 하는 것입니다.

정무적인 것은 결정하는 경영자 입장에서 챙겨야 하는 것입니다.

실행에 필요한 메시지는 실무적인 것이고

결정에 필요한 메시지는 정무적인 것입니다.

4. 돈/시간/고객과 관련되면 무조건 In

의사결정에 가장 중요한 **3대 지표는 돈, 시간, 고객**입니다.
경영진의 머릿속을 열어 볼 수 있다고 가정해봅시다.
항상 머릿속에 빙빙 맴도는 단어를 끄집어내라고 하면
'돈, 시장, 고객' 세 가지일 겁니다.

정리된 표처럼 '돈, 시장, 고객'이라는 세 개 지표는
증가시켜야 하는 측면이 있는 동시에
감소시켜야 하는 측면도 존재합니다.

의사결정에서 가장 중요한 지표 3대장

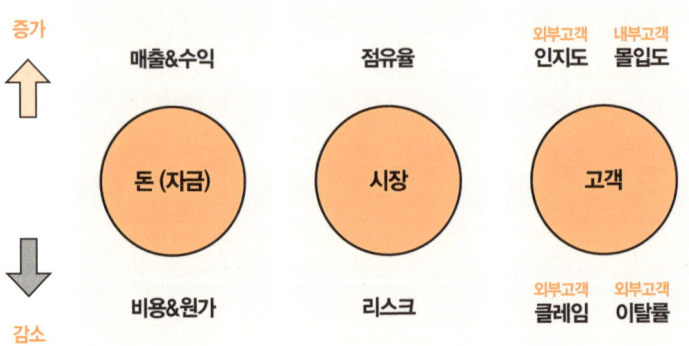

'돈'이면, 증가시켜야 하는 지표는 '매출&수익'이고
감소시켜야 하는 지표는 '비용&원가'입니다.
'시장'이면, 증가시켜야 하는 지표는 점유율이고
감소시켜야 하는 지표는 리스크입니다.

'고객'은 외부고객, 내부고객으로 구분됩니다.
외부고객 차원에서 증가시켜야 하는 지표는 인지도,
감소시켜야 하는 것은 클레임입니다.
내부고객이라면 증가시켜야 하는 지표는 몰입도
감소시켜야 하는 지표는 이탈률입니다.

5. 해당 원페이지를 보는 동안
경영진이 선택해야 하는 사항이라면 In입니다.
만약, A, B, C 중에 하나를 골라야만 업무가 진행된다면
반드시 원페이지에 비중 있게 드러나야 합니다.

원칙이 있어야 성공합니다.
일정한 원칙 없이 그때그때 상황에 맞춰 일하다보면
방향성과 본래 목적을 잃기 쉽습니다.
문서 작성도 마찬가지입니다.

원페이지 작성 시에는 다음의 여섯 가지 원칙을
반드시 준수하기 바랍니다.

Rule 1. 경영진이 원하는 세 가지 요구를 충족한다.

Rule 2. 압축, 생략이 아닌 함축!

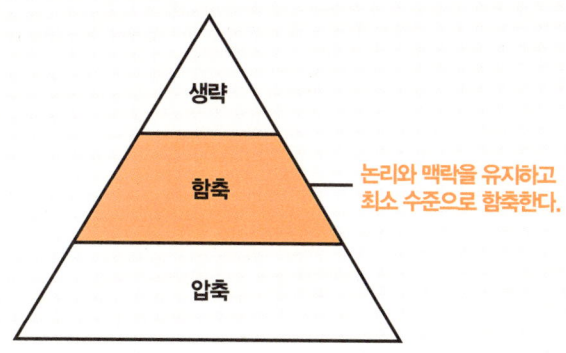

Rule 3. 항상 차상위자의 눈으로

실무적 판단이 아닌 대승적 맥락에서 정무적 판단을 내린다.

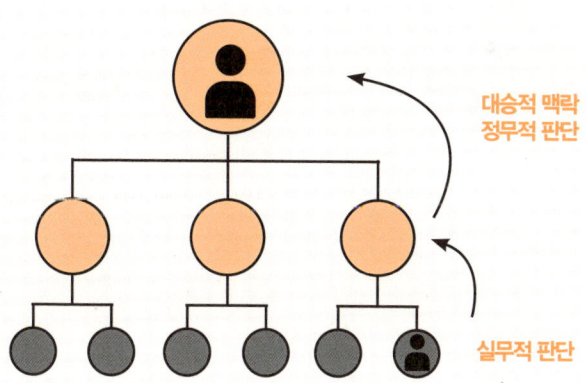

Rule 4. 큰 그림에 초점을 맞춘다.

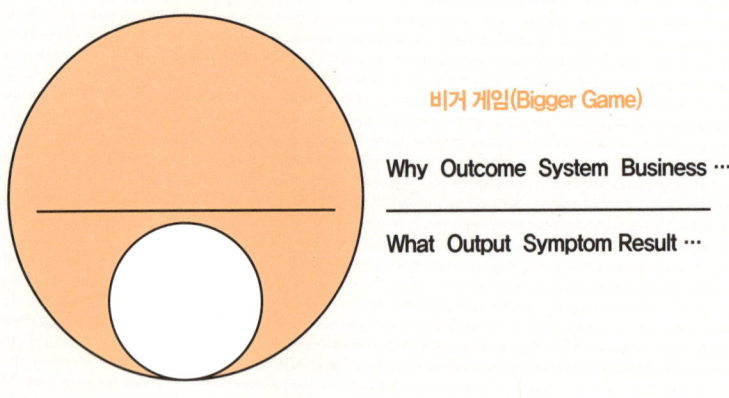

Rule 5. 보고서에 담는 메시지의 양은 보고 횟수만큼 줄어든다.

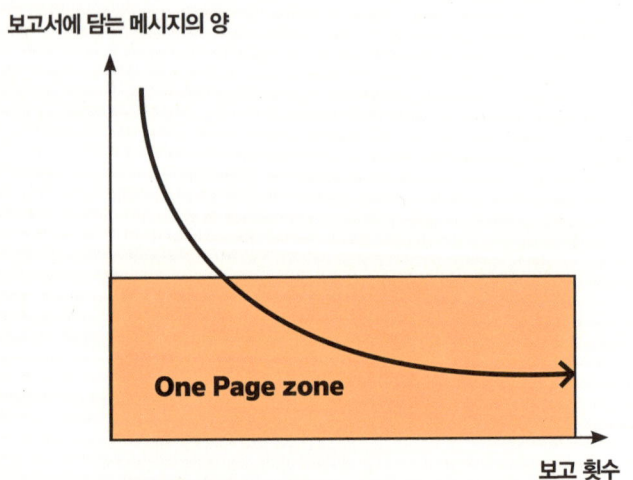

Rule 6. 별첨은 삭제가 아니다.

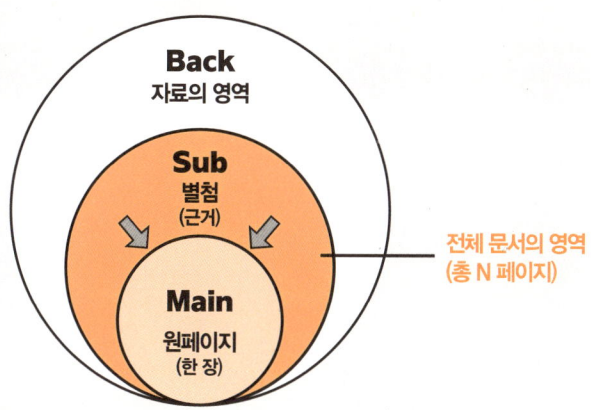

ONE PAGER

3

어떻게

핵심 메시지를 구성하는가

How to Organize Key Messages?

원페이지를 쓰는 3단계 '추출', '구조화', '표현'

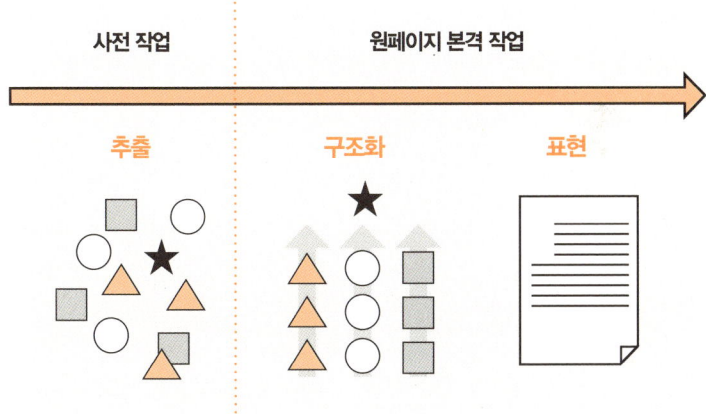

원페이지를 쓰는 작업은 크게 세 단계를 거칩니다.
1단계는 '추출'입니다.
다양한 통로에서 자료를 모아 메시지를 확보하는 단계입니다.

'추출'은 단기간에 해내기 어렵고,

업종과 직무마다 수행 편차가 있기에,
이 책에서는 자세히 언급하지 않겠습니다.
(이 과정을 자세히 알고 싶다면 졸저《부장님은 내 기획서가 쓰레기라고 말했지》
의 'Step 01. Pre-writing'을 참고하세요.)

2단계는 '구조화'입니다.
확보한 메시지 중에서 의미 있는 것을 추리는 작업입니다.
구조화 단계에서는 '분류와 정돈'이 주로 이루어집니다.
비슷한 메시지들을 하나로 합치고,
설득력 있게 전후 관계를 다잡는 거죠.

구성 단계에서는 거시적 관점이 중요합니다.
바둑, 체스, 장기를 두듯이 전체를 조망하면서
무엇을 어떤 순서와 분량으로 배치할지 고민합니다.

포기할 것은 포기하되, 강조할 것은 확실하게 정하고
뚝심 있게 밀어붙이는 실무자의 신념이 필요합니다.

구조화 단계에서 가장 중요한 것은 '논리와 맥락'입니다.

'논리'와 '맥락'은 상호 시너지를 이끌어내는 불가분의 존재입니다.

'논리'란 '무엇이 무엇보다 먼저 나와 있는가'에 가깝습니다.
메시지들에 시퀀스 Sequence, 즉 전후 흐름을 부여하는 겁니다.

'맥락'이란 '무엇과 무엇이 연결되어 서로 지지하고,
그 가운데 무엇이 더 중요하게 다루어지는가'에 가깝습니다.
메시지에 친밀도 Intimacy 와 강조 Importance 를 부여하는 겁니다.

소크라테스는 말했습니다.
"서툰 푸줏간 주인처럼 아무 데나 자르지 말고
관절 같은 자연적 형태를 잘라라."
이 말은 원페이지에 들어갈 메시지를 단락으로 정돈할 때
유념할 내용을 잘 보여줍니다.

단락을 설정할 때는 해당 단락 내에서
서로 밀접하게 메시지가 연관되는지 살펴야 합니다.
더불어 다른 단락과 메시지가 겹치지 않는 동시에
단락들이 유기적으로 호응하는 상태를 지향해야 합니다.

3단계는 '표현'입니다.

정해진 메시지를 어떻게 하면 확실하게 전달할지
고민하면서 현실화시키는 단계입니다.

정확히는 '현물화'가 더 좋은 표현입니다.
뚜렷하지 않은 메시지를 보고 만지게 하는 작업이니까요.
깔끔하고 군더더기 없는 상태를 늘 지향하고
문장, 표, 도식 등을 사용해 쉽게 알 수 있게 표현합니다.

'표현' 단계에서 가장 중요한 것은 '명확함'과 '생생함'입니다.

'명확함'이란 오해나 비약의 소지가 없는 것을 말합니다.
'생생함'이란 구체적이고 직접적인 것을 말합니다.

이 책의 저자로서 두 포인트만 강조하겠습니다.

첫째, 흐름을 역행하지 마십시오.

즉 '표현'을 먼저 하고, '구조화'를 나중에 하지 마십시오.
문장을 쓴 뒤에는 메시지의 전후 맥락을 바꾸기 어렵습니다.
표현하기 전에 필수적으로 구조화해야 합니다.

둘째, 원페이지 작업에서는 '구조화'가 훨씬 더 중요합니다.

분류와 정돈을 통한 구조화의 중요성은
원페이지 작업의 60퍼센트 이상으로 봅니다.
구조를 설정하는 것이 원페이지 작업의 핵심이기 때문입니다.

구조가 잘 짜여 있으면 표현이 투박해도 설득할 수 있습니다.
하지만 반대의 상태는 위험합니다.
문장 등의 표현이 깔끔해도 구조화가 미진하면
밀고 나아가는 힘이 현저히 떨어지기 때문입니다.

구조가 뒤죽박죽인데 표현마저 빈약하다면 어떻게 될까요?
흐름도 이상할뿐더러 설명까지 미약한 최악의 문서가 됩니다.
원페이지에서는 메시지의 구조화가 훨씬 중요합니다.

원페이지의 '뼈와 살'

원페이지를 쓰는 과정을 신체 구조에 비유하겠습니다.
사람의 몸에는 뼈와 살이 있습니다.
뼈가 육체의 기본 바탕이자 구조가 되고
그 위에 살과 근육이 붙어서 육체의 형상을 이룹니다.

원페이지도 이와 같습니다.
뼈대를 세워 전체 구조를 잡으면
그 뼈대를 주축으로 살이 붙습니다.
즉, 문장, 표(테이블), 그래프, 도형 등이
뼈 위에 붙은 살이 되어 최종 표현됩니다.

원페이지 상황에서 뼈는 목차고, 살은 문장형 표현입니다.
둘 다 넘쳐서도 안 되고 모자라서도 됩니다.
그 위치에 딱 맞게 있어야 합니다.

뼈와 살, 구조와 내용, 목차와 표현은 기능적 통합 관계를 유지해야 합니다.

요컨대 '기능적 연결성Functional Connectivity'이 중요합니다.

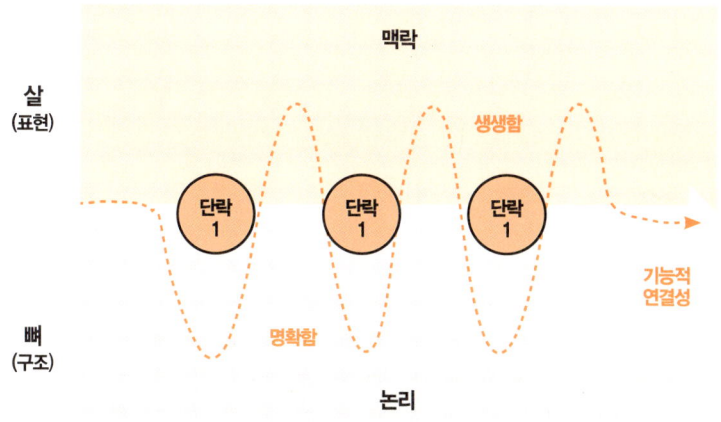

위 그림은 원페이지 '구조와 내용' 간의

기능적 통합 관계를 잘 보여줍니다.

'구조'를 보면, **각 메시지 단락들은 연결되어 '같은 방향'으로 달립니다.**

같은 방향은 '흐름'입니다.

'논리와 맥락'은 그 흐름의 방향을 이끌어줍니다.

메시지들이 엇나가지 않고 하나로 뭉치도록 다져주는 겁니다.
설정된 구조 위에 메시지가 '표현'됩니다.
해당 단락과 메시지를 이해하기 쉽게 전달하는 문장과
각종 형태가 붙습니다.
'명확함과 생생함'은 표현 결과의 이해도와 전달력을 높여줍니다.

원페이지는 '구조화'와 '표현' 두 작업이 진행되면서 완성됩니다.
두 작업에는 전후 관계가 있으나
서로 따로 분리되는 공정은 아닙니다.
긴밀히 상호보완적으로 작업해야 합니다.

* * *

지금부터 원페이지의 뼈, 골격에 해당하는
'구조'가 어떻게 형성되는지 설명합니다.

원페이지는 골격이 단순해야 합니다.
골격의 개수가 많을수록 살이 붙어야 하는 곳이 많아지므로
결국 비대해질 수밖에 없습니다.
원페이지의 구조는 최소화, 간소화하는 것이 매우 중요합니다.

그 어떤 비즈니스 과제를 문서로 풀어가더라도
'분석이 어떠하니, 실행이 어떠해야 한다'라는 구조를 갖게 됩니다.
최소화된 골격, 줄이고 줄여낸
원페이지의 기본 구조는 '분석'과 '실행'입니다.

원페이지에 분석만 담거나, 실행만 담아서는 안 됩니다.
분석이 없는 실행은 무식한 용감함이고
실행이 없는 분석은 공허한 웅변이기 때문입니다.

가장 최소의 골격인 '분석'과 '실행'
이 두 덩어리를 기초로 원페이지의 메시지 구조를 전개해야 합니다.

원페이지 구조에서 분석과 실행을 구현할 때
몇 가지 유의사항이 있습니다.

첫째, '분석'과 '실행'은 메시지의 결과 색이 다릅니다.
'분석'은 현실을 더 많이 다루고
'실행'은 이상을 더 많이 다룹니다.

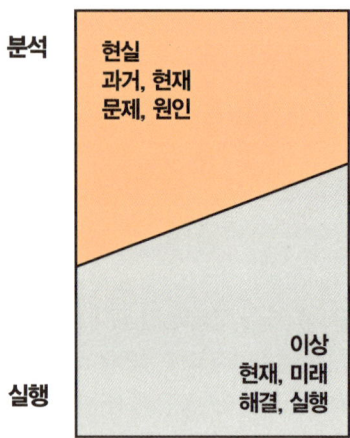

'분석'은 과거와 현재의 시점을 다루고
'실행'은 현재의 일부와 미래의 시점을 다룹니다.

'분석'은 문제와 원인을 다루고
'실행'은 해결과 실행을 다룹니다.

'Why'는 모든 과제 상황의 당위성과 필요성을 제시하는 것이므로
Why가 모든 메시지의 선두에 있어야 한다는 것에

이견을 제시하는 경우는 별로 없습니다.

**간혹 "What이 먼저냐, How가 먼저냐"의 논쟁이 있습니다.
여기서 What을 무엇으로 해석하는가에 답변이 달라집니다.**

What의 스토리 포인트를
"무엇을 할 것인가?"
"무엇을 중심으로 접근할 것인가?"
"무엇이 성공을 이끄는가?"로 보면
What은 실행 전략을 말하는 겁니다.
그러므로 How의 앞에 있어야 합니다.
What은 How의 목적에 해당하니까요.

하지만 What의 스토리 포인트를
"무슨 결과물을 낼 것인가?"로 본다면
What은 How의 최종산출물 정도에 그치므로
How의 뒤에 나오는 것으로 보는 겁니다.

지금까지 직장생활 속에서 경영진의 의사결정을

바라봤던 제 입장에서 보면
What의 해석은 대부분 '실행전략'이었습니다.
즉, What은 "무엇에 집중하여 성공 포인트를 창출할 것인가?"로
여겨지는 경우가 지배적으로 많습니다.
일반적으로 What은 How의 목표, 타깃으로 여겨집니다.

둘째, '분석'과 '실행'은 서로 마주보고 있어야 합니다.
분석과 실행은 결이 달라 서로 팽팽하게 견제하지만
그렇다고 따로 놀아서도 안 됩니다.
이 둘은 같이 묶여 있는 운명공동체입니다.

분석과 실행 사이에는 맞물림과 대구對句, Rhyming couplet
즉 서로 이어지는 연속성과 조화가 있어야 합니다.
즉 분석과 실행은 'Vs'이면서도 '&'인 상황에서 병존합니다.

단, 원페이지가 다루는 과제 상황과 보고 내용에 따라
분석을 많이 담거나, 실행을 많이 담거나 하는
비중의 차이가 발생할 수는 있습니다.
꼭 50:50의 비율을 유지해야 하는 것은 아닙니다.

셋째, '분석'과 '실행'은 목차가 아닙니다.

분석과 실행은 큰 메시지 덩어리이자
원페이지로 표출되는 형태 Form 가 아닌 구조 Structure 입니다.
목차를 그룹핑해주는 메시지 베이스캠프라고 보면 됩니다.

Why-What-How의 3단 스토리

'분석과 실행'이라는 바탕 위로 '논리'가 흘러갑니다.
논리는 원페이지에 기록되는 메시지들의 전후관계,
즉 '무엇이 무엇의 앞에 있는가,
무엇이 무엇을 뒷받침하는가'를 보여주는 방식입니다.

분석과 실행이 '골격 Structure '이라면
논리는 '흐름, 이야기 Story, Slot '입니다.

논리가 있다는 것은
어떤 메시지가 앞서서 이끌고, 어떤 메시지가 뒤따라가면서
근거를 명확히 제시할 때를 말합니다.

세 가지 이야기 덩어리^{Slot} 로
최적의 원페이지 논리를 설정할 수 있습니다.
그것은 바로 'Why-What-How'입니다.

Why는 모든 과제 상황의 당위성과 필요성을 제시하며
모든 스토리의 기반이 됩니다.
What은 Why 안에 존재하며 문제 상황에 대한 접근 전략,
달성 목표, 해결 방향을 언급하면서 실행 울타리를 제시합니다.
How의 스토리 포인트는 '어떻게 진행할 것인가?'이며
What에서 나온 달성 목표에 대한
구체적, 현실적 전술 행위를 묘사합니다.

Why-What-How는 서로 분절되어 있지 않습니다.
서로 약간씩 겹치고, 공존하면서 논리의 흐름을 형성합니다.

Why가 종료되면 What이 시작되고,
What이 종료되어야 How가 시작되는 것은 아닙니다.
아래의 그림처럼 Why의 기반 위에 What이 흐르고,
그 위에 How가 흐르는 겁니다.
Why-What-How는 서로 맞물려 돌면서
이야기의 연결이 있는 상태입니다.

'이 덩어리의 수를 더 줄이면 좋지 않을까?' 하는
의문이 들 수 있습니다.

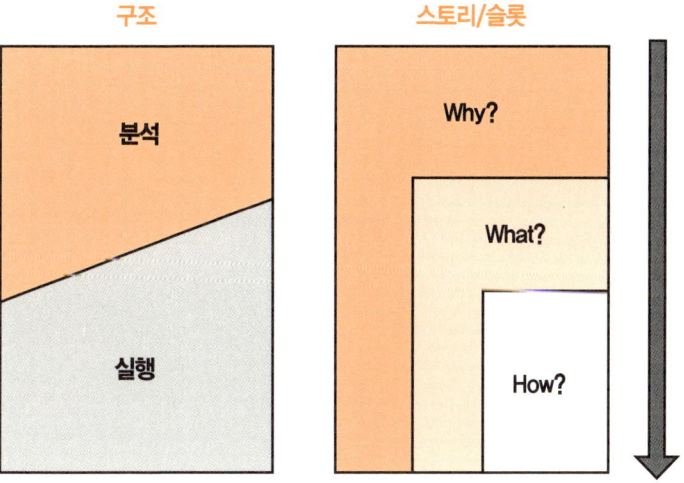

분석과 실행이 최소한의 구조인 것처럼
Why-What-How도 논리의 최소 수준이므로
여기에서 더 줄여서는 안 됩니다.
과하게 삭제하면 이야기의 흐름이 무너집니다.

Why를 뺀 What-How의 논리는 '명분'이 약합니다.
왜 해야 하는지 모르는 업무는
누가 시킨 것만 수행하는 하수인의 실행 스토리입니다.
문서로서의 근기와 책임 소재를 규명하는 능력이 약해집니다.

What을 뺀 Why-How의 논리는 '타깃'이 약합니다.
무엇을 해야 하는지 모르는 업무는
집중할 개선 포인트, 방향성이 미약한 무전략의 실행을 말합니다.

How를 뺀 Why-What의 논리는 '실행'이 약합니다.
문제와 해결 방향만 있고, 실제 수행이 없으면 무의미합니다.
실행이 규명되지 않은 문서는 무책임합니다.
마치 불을 보고 끄지 않고 도망가는 것과 같습니다.

그렇다면 또 이런 질문이 생깁니다.
'Why-What-How의 순서를 바꿔도 되지 않을까?
What-Why-How의 순서도 괜찮지 않을까?'

**Why-What-How의 흐름은 논리와 스토리를 구현하는
최적이자 최선의 흐름입니다.**
아래 그림처럼 앞의 요소는 뒤의 요소에
전제조건으로서 영향을 미치기 때문입니다.

'Why-What-How'의 역동

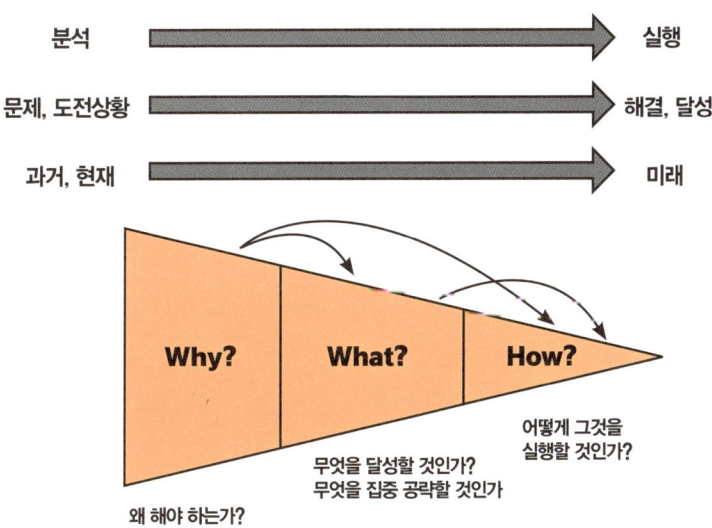

'Why-What-How'의 연결은
마치 알고리즘 같은 상호관계를 보여줍니다.
당면문제를 기반으로 문제 해결 전략을 도출하고,
그리고 문제 해결 전략 기반의 실행 계획을 도출합니다.

'Why-What-How'만의 전후관계와 종속 연결이 있어야만
원페이지의 논리가 강해집니다.
결국 'Why-What-How'는
'문제-해결 전략-실행'이며 삼위일체로 스토리를 완결합니다.

목차만 잘 잡아도 절반은 성공이다

4

'분석과 실행'이라는 구조적 바탕 위에 있는
Why-What-How의 스토리 흐름은
아직까지는 원페이지에 표현되지 않습니다.

아직은 바탕이 되는 메시지들일 뿐입니다.

건물로 따지면 골조, 철근과 같은 역할을 하는 것으로
외관상 보여서는 안 되는 거지요.
분석과 실행의 구조는 문서에 비유하면 '흰 바탕'의 영역입니다.

그 흰 바탕 위에 목차가 노출되기 시작합니다.
구조와 스토리가 흰색이라면
이제부터 소개하는 목차는 검은색입니다.
실제로 타이핑되고, 물리적으로 보이기에
검은색이라고 표현하겠습니다.

흰색의 바탕은 흔들림이 없이 굳건히 있어야 합니다.
내용이나 문서, 업종이 특이하다고 해서
'분석과 실행', 즉 'Why-What-How'를 선택할 수는 없습니다.
어떤 문서에도 무조건 존재해야 하는 초석입니다.

하지만 검은색 영역으로 들어오면 선택의 지혜가 필요합니다.
중요한 것이 무엇인지, 꼭 써야 하는 것이 무엇인지

선별하는 눈이 필요합니다.

검은색 영역에서 너무 욕심을 내면
표현이 과도해지고 빽빽해지고 결국 어두컴컴해집니다.
검은색 영역에서는 절제와 선별이 있어야만
흰 바탕과 어울려서 시원하게 보일 수 있습니다.

**목차는 구조 Structure 와 스토리 Story, Slot의 바탕 위에
꽂히는 모듈 Module 입니다.**
슬롯 Slot 이란 '무언가가 위치할 수 있는 자리'를 말합니다.
(방송계에서는 프로그램 편성을 '슬롯'이라고 부릅니다.)

Why-What-How의 슬롯 위에 어떤 모듈이 들어갈 수 있을까요?
(이제부터는 모듈을 '목차'라고 하겠습니다.)
다양한 목차들이 있겠지만 원페이지에서 활용하는
목차의 특징은 대부분 몇 가지로 정리됩니다.

먼저 다음의 표를 보시지요.

원페이지의 구조 설정 방식

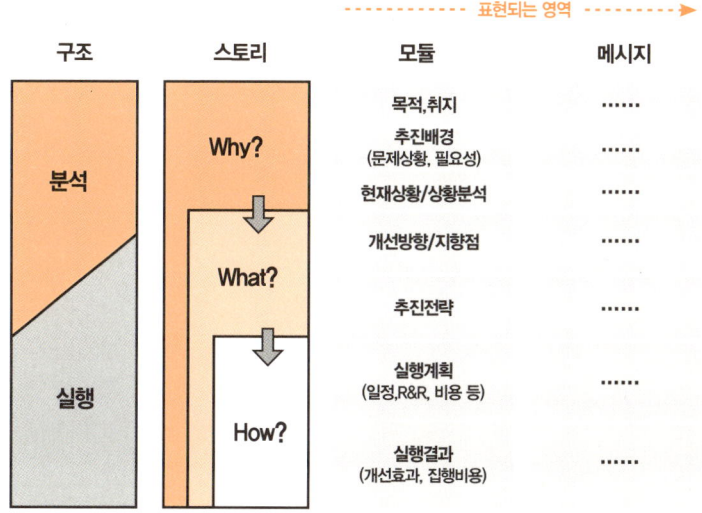

Why, 즉 '왜 해야 하는가?', '어떤 점이 문제이고 이는 왜 우리에게 중요한가?'라는 슬롯에 응답하는 목차는 **목적/취지, 추진 배경, 현재 상황/상황 분석**입니다.

What, 즉 '무엇을 할 것인가?', '무엇을 중심으로 접근할 것인가?'라는 슬롯에 응답하는 목차는 **개선 방향/지향점, 추진 전략**입니다.

How, '어떻게 실행할 것인가?', '어떻게 진행되었는가?', '어떤 행동을 할 것인가?"라는 슬롯에 응답하는 목차는 **실행 계획, 실행 결과(관련 비용)**입니다.

목차별 대표 질문

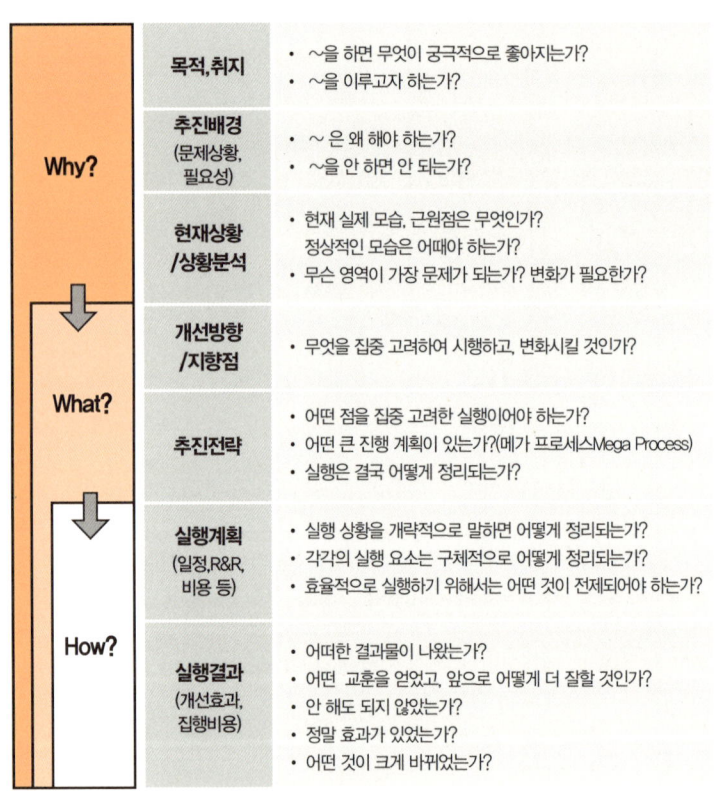

	목차	대표 질문
Why?	목적, 취지	• ~을 하면 무엇이 궁극적으로 좋아지는가? • ~을 이루고자 하는가?
	추진배경 (문제상황, 필요성)	• ~ 은 왜 해야 하는가? • ~을 안 하면 안 되는가?
	현재상황 /상황분석	• 현재 실제 모습, 근원점은 무엇인가? 정상적인 모습은 어때야 하는가? • 무슨 영역이 가장 문제가 되는가? 변화가 필요한가?
What?	개선방향 /지향점	• 무엇을 집중 고려하여 시행하고, 변화시킬 것인가?
	추진전략	• 어떤 점을 집중 고려한 실행이어야 하는가? • 어떤 큰 진행 계획이 있는가?(메가 프로세스 Mega Process) • 실행은 결국 어떻게 정리되는가?
How?	실행계획 (일정,R&R, 비용 등)	• 실행 상황을 개략적으로 말하면 어떻게 정리되는가? • 각각의 실행 요소는 구체적으로 어떻게 정리되는가? • 효율적으로 실행하기 위해서는 어떤 것이 전제되어야 하는가?
	실행결과 (개선효과, 집행비용)	• 어떠한 결과물이 나왔는가? • 어떤 교훈을 얻었고, 앞으로 어떻게 더 잘할 것인가? • 안 해도 되지 않았는가? • 정말 효과가 있었는가? • 어떤 것이 크게 바뀌었는가?

우리는 작성하는 과제와 상황에 맞춰 목차를 선택하면서
원페이지의 검은 영역을 만들어갑니다.
목차를 올바로 선택하려면
각 목차의 본질Essence과 정의Definition를 알아야 합니다.
개별 목차를 사전적으로 정의를 내릴 수는 없지만
해당 목차가 품은 대표적인 질문으로 정의를 대신할 수 있습니다.

질문을 미리 알고, 그 질문에 응답하는 메시지를 담는다면
더 논리적이고 현실적인 원페이지가 되겠지요?

위 그림은 목차마다 어떤 대표 질문을 품고 있는지 설명합니다.
기록된 질문을 보면, 어떤 목차가 가장 좋은 스토리를
만들 수 있을지 판단하는 데 도움을 줄 것입니다.

여기서 주의할 점 하나가 있습니다.
실무자의 마음에 드는 질문이 아니라
경영진이 궁금해할 질문을 선별해야 한다는 것입니다.

원페이지에는 본인이 쓰고 싶은 내용을 쓰는 것이 아니라

상대가 알아야 하는 내용을 써야 한다는 점을 기억하세요.

목차별 대표 질문에 대한 답변

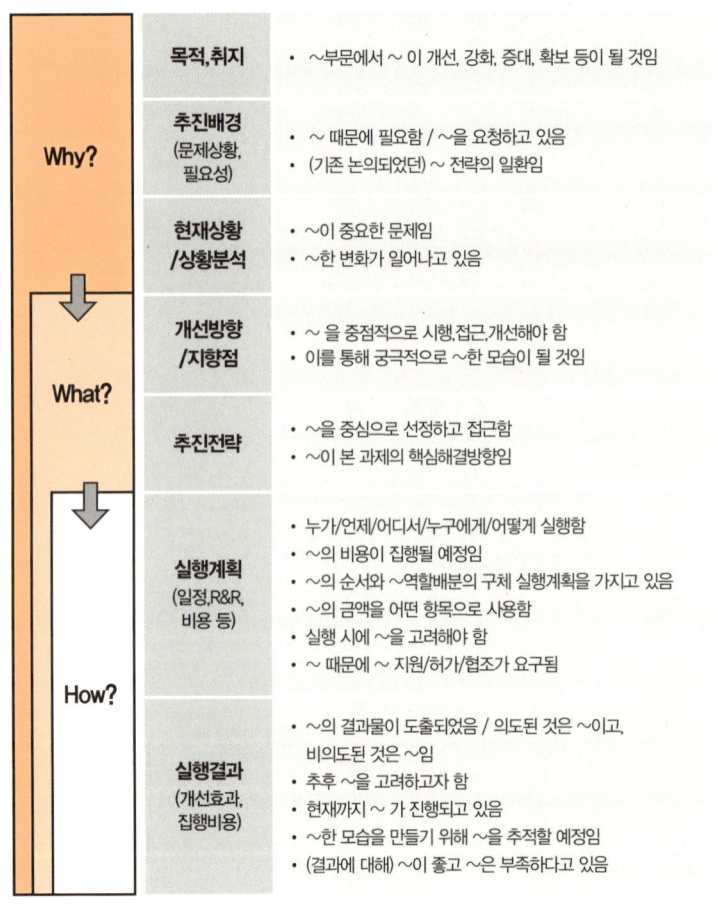

각 목차별 핵심 질문에 대한 대표응답을 정리한 표입니다.

목차가 품고 있는 질문을 알면
그 목차의 본질, 지향점을 정확히 파악하므로
목차 선별력이 높아질 수 있습니다.

또한 질문에 대한 대표적인 응답을 보면
그 질문의 포커스가 무엇인지 더욱 이해가 높아질 것입니다.
목차 선별력은 또 한 번 높아집니다.

좋은 원페이지는
경영진이 원하는 핵심 질문을 발굴하고
그 질문 해결에 꼭 필요한 답을 선별/제공하는 데서 나옵니다.
꼭 필요한 목차를 선정하고, 그 목차가 묻는 질문을 선정하고
그 질문에 응답하는 내용이 있을 때, 원페이지의 논리는 무적無敵이 됩니다.

* * *

간혹 이러한 질문을 받습니다.
'개선 방향/지향점'과 '추진 전략'은 무엇이 다른가요?

이 두 개의 목차는 느낌이 유사합니다. 하지만 다릅니다.

'개선 방향/지향점'은 '문제/과거'에 가까운 목차입니다.
'문제점을 들여다보니 이런 근본 원인이 있으므로
~을 집중해서 개선/회복해야 한다'는 이야기가 담겨야 합니다.

반면 '추진 전략'은 '해결/미래'에 가까운 목차입니다.
'집중하여 실행해야 실효성을 높일 수 있다'는
이야기가 담겨야 합니다.

우리가 쓰는 보고서의 유형은 크게 다섯 가지로 나눕니다.
(이는 국내외 모든 회사의 업무 상황에 동일하게 적용됩니다.
보고서를 지칭하는 용어가 약간 다를 뿐입니다.)

첫 번째, **'품의서' 또는 '기안서'**입니다.
○○를 시행할 때 사전에 허가를 받기 위해 쓰는 문서입니다.
"~을 ~방식으로 진행하겠습니다."가 핵심 포인트이므로
실행계획의 메시지에 가장 많은 비중을 넣어야 합니다.

두 번째, **'결과보고서'**입니다.

사전에 보고된 ○○업무 건이 종료되면 쓰는 문서입니다.

"~ 방식으로 진행했고, ~한 결과를 얻었습니다."가 핵심 포인트이므로 **실행결과와 성찰, 비용 집행내역**에 힘을 주어야 합니다.

세 번째, **'상황보고서'**입니다.

새롭게 발생한 상황을 정리하거나,

진행해가는 과정의 중간정리를 위해서 쓰는 문서입니다.

"상황은 이렇습니다."가 핵심 포인트이므로

현재 상황, 팩트 정리에 강한 비중을 넣어야 합니다.

네 번째, **'공문서'**입니다.

다른 조직에 도움을 요청하거나, 정보를 공지할 때 쓰는 문서입니다.

"○○를 해주십시오." 또는 "○○를 알고 계십시오."가 핵심 포인트이므로 **요청사항, 전달사항**에 비중을 집중해야 합니다.

마지막 다섯 번째, **'기획서'**입니다.

"○○의 목적을 가지고, ○○ 전략을 펼치고자 합니다."가 핵심 포인트이므로 **목적, 개선방향, 추진전략**에 비중을 높여야 합니다.

지금까지 설명한 다섯 가지 보고서의 집중 메시지는 아래의 표로 정리할 수 있습니다.

구분	목적,취지,배경	현재상황 (상황분석)	개선방향, 지향점	추진(접근) 전략	실행 계획	실행 결과	예상, 집행 비용	기타
품의서 (기안서)	◑		◑		●		●	대안/장단점
결과 보고서			◑		◑	●	●	개선 결과
상황(분석) 보고서	◑	●	◑		○			
대내외 공문	●	◑		○	●			요청 사항
기획서	●	●	●	●	●		●	파이낸셜 임팩트

● 매우 중요   ● 중요   ◑ 보통

주황색의 원이 해당 보고서의 본질에 가까운 목차입니다.
또한 주황색의 원이 크면 더 중요한 목차입니다.
실제로 구성하거나 표현할 때에도 더 많은 비중을 실어야 하고 디테일과 수준을 깊게 유지해야 합니다.

본인이 작성해야 하는 보고서 유형을 먼저 정하고
해당 유형에서 꼭 담아야 하는 메시지에 힘을 주고
다른 메시지를 삭제하거나 비중을 적게 하면 원페이지에 가까워
집니다.

핵심만 남기는 메시지 추출의 기술

원페이지의 철학을 한 문장으로 정리하면
'딱 필요한 내용만 담자!'입니다.
이를 위해서는 작성할 보고서의 유형을 먼저 정하고
해당 보고서의 본질에 맞춰 중요한 목차만 강조해야 합니다.

업무 현장에서 많이 쓰는 엑셀에 비유해보겠습니다.
엑셀에는 '소트 앤 필터Sort and Filter'라는 기능이 있습니다.
이 기능을 활용하면 꼭 필요한 데이터만 추출할 수 있습니다.

많은 분량의 정보도 입맛에 맞게 가공할 수 있죠.

원페이지에도 네 가지 '소트 앤 필터' 조건이 있습니다.

첫째, '보고서의 유형'입니다.
앞서 살펴본 보고서의 5대 유형에 따라
어떤 목차를 선정하고 집중해야 하는지 결정합니다.

둘째, '메시지의 접근 방식'입니다.
'정보 정리'와 '의견 제시' 두 가지로
메시지 접근 방식은 크게 구분됩니다.

'정보 정리형'은 팩트 위주로 쓰면서
현재의 문제와 상황이 어떤가에 집중하는 형태입니다.
'의견 제시형'은 실무자로서의 견해와 제안,
미래의 실행 추측을 중심으로 씁니다.
원페이지의 주요 내용과 작성 맥락에 따라
어느 쪽에 힘을 주어야 하는지
또는 둘 다 고르게 힘을 주어야 하는지 결정해야 합니다.

셋째, '활용처'입니다.

'내부 문건'은 회사의 업무 추진, 확인, 결정 등에 사용됩니다.
'외부 문건'은 회사 밖으로 전달되는
공문(업무 연락, 협조문) 등이 해당합니다.
한 회사의 내부에서 움직이는 문서일지라도
본부 내에서의 전결이면 내부 문건으로 보고,
다른 본부나 부서에 전달해 협업을 이끌어내야 하는 문서라면
외부 문건으로 보는 것이 좋습니다.

넷째, '(시간) 관점'입니다.

정확히는 '시간의 스펙트럼'에 해당합니다.
'초단기'는 최대한 빠르고 적은 시점의 업무를 다룹니다.
늦어지면 안 되는 급한 건이 해당되겠지요.
속칭 'ASAP^{as soon as possible}'(가능한 빨리)인 경우입니다.

'단기'는 2~3개월, '중기'는 6개월 정도의 반기半期,
'중장기'는 1년, '장기'는 2~3년 이후까지로 봅니다.

이러한 네 가지 '소트 앤 필터' 조건을 잘 활용했을 때

유형	접근방식	활용처	관점	집중 어필 포인트	이후 연결문서
	소트 앤 필터 (선택의 영역)			맥락적 판단 (열린 영역)	
품의서	정보정리	내부문건	초단기		
결과보고서	의견제시	외부문건	단기		
상황(분석)보고서			중기		
공서문			중장기		
기획서			장기		

가장 좋은 점은 무엇일까요?

문서 작성자를 '정신 차리고 집중하게 만든다'는 점입니다.

또한 원페이지에 모든 것을 담지 못한다는 것을 인정하고
'지금 쓰는 보고서의 핵심 타깃이 누구인지'를 정하게 해줍니다.
그래야 원페이지에 무엇을 담아야 하는지 분간하게 됩니다.
중요함에 집중하고 나머지는 버리도록 강제력을 넣어버리는 것이죠.

'소트 앤 필터' 영역이 정돈되면
추가로 **'맥락적 판단의 영역'**을 정돈하기를 권장합니다.

'맥락적 판단'은 **주관식의 열린 영역**이기에
해당 문건이 다루는 **과제 상황의 특수성**이 반영됩니다.
여기에 **실무자로서 간파한 업무의 전후 맥락**을 담아야 합니다.

먼저, '집중 어필 포인트'를 정합니다.
이 원페이지를 통해 경영진에게
'무엇을 부각시켜야 하는지', **'무엇을 인식/관철시켜야 하는지'**,
'그렇게 하려면 어떤 포인트에 강조의 방점을 찍을 것인지'를
미리 정해두는 겁니다.

집중 어필 포인트를 정하려면, **최대한 객관적인 관점과**
냉철한 전후 맥락의 이해가 있어야 합니다.

경영진의 최근 의사결정 추이를 보니 어떤 점을 중요하게 여기는지,
최근 나온 회사의 환경 변화, 내부 이슈 등을 보니
어떤 점을 문서에서 빈삽하게 언급해야 하는지 등입니다.
집중 어필 포인트를 잘 짚어내려면
보이지 않는 **'정무적 판단점'을 평소 자주 파악**해야 합니다.
말 그대로 '일머리, 일센스'가 작동해야 한다는 겁니다.

집중 어필 포인트를 정했다면, '이후 연결문서'를 정하십시오.
원페이지는 한 번에 모든 업무 보고를 마치는 문서가 아닙니다.

원페이지의 **앞에는 어떤 문건이 전달되었는지** 확인하고
원페이지의 **뒤에는 어떤 문건이 추가로 제시될지**를 정하면
지금 당장 쓸 내용이 조금은 더 뚜렷하게 정해집니다.

지금까지 설명한 '소트 앤 필터'와 '맥락적 판단'을 한
결과물의 샘플은 다음 장에서 보실 수 있습니다.

디테일한 뼈대 '서브목차' 정하기

원페이지의 목차를 나무의 형상에 비유한다면
몇 개의 굵은 가지에 해당합니다.
굵직한 내용을 묶어주는 수준인 거지요.
예를 들어 '진행 목적/취지'는
메시지의 경계를 제시하는 것이기에 구체성이 미흡합니다.

좀 더 구체적으로 살을 붙이려면
손에 잡히는 '중간 가지'를 미리 정하는 것이 좋습니다.
(이 작업이 필수는 아니지만, 문서에 살을 붙일 때 수월해집니다.)
이러한 '중간 가지'를 이제부터 '서브Sub 목차'로 일컫겠습니다.

'서브목차'는 목차와 문장을 매개하는 중간자 역할을 합니다.
'서브목차'는 메시지나 문장을 본격적으로 쓰기 전에
의미를 좀 더 구체화하는 '**세부 골조**'에 가깝습니다.

지금부터 소개하는 '서브목차' 리스트는
업무 상황에서 많이 활용되는 메시지 유형을 정돈한 것입니다.
절대적이지 않으니 참고만 하기 바랍니다.
'이것만 쓰면 된다'는 아니라는 겁니다.

목차마다 서브목차가 존재하는 현황을
다음 페이지의 표로 정리할 수 있습니다.

'서브목차'는 해당 목차가 가진 대표적인 질문에
답할 수 있는 가장 적절한 메시지입니다.
즉 해당 목차를 뒷받침하는 실무 메시지를
좀 더 디테일하게 산출한 것입니다.

목차는 원페이지의 보고 유형에 맞춰서 골라야 합니다.
서브목차 역시 과제 상황, 업무 맥락에 따라 선택해야 합니다.

실무자는 서브목차를 고를 때
잘 알고 있는 것을 고르려는 본능을 견제해야 합니다.
철저히 객관적으로 해당 사안을 바라보면서

목차와 서브목차

목차	서브목차
진행목적, 취지	금전적, 재무적 개선/강화
	제도적, 기업문화적 개선/강화
	기술적 개선/강화
추진배경 (문제상황, 필요성)	기존 선행보고 내용
	주요 현상
	핵심 이슈(개선 필요점)
	실무자의 과제 발제 이유
	내부요구(경영진, 업무 현장)
	외부요구(고객, 관청, 유관 업체)
현재상황 /상황분석	내부분석(People, Process, Product)
	외부분석(선진사, 경쟁사, 시장동향, 정부 지침 등)
	종합 시사점
	(기존 계획의) 현재 진행상황, 경과
개선방향 /지향점	핵심 성공요소 도출과 대응
	핵심 리스크 도출 및 대응
	통제 가능한 영역의 도출과 개선
	기존과 크게 달라지는 점 N가지(As Is – To Be)
	목표 및 지향점(단기 – 중기 – 장기 / 정량&정성)
추진전략 (개선,실행)	프로세스 or 밸류체인 or 비즈니스 모델의 정립, 재설정
	경쟁우위 추구(현재의 단점 보완)
	지속성장 추구(현재의 강점 강화)
	리스크의 사전대응(현실성 강화)
(세부) 실행계획	개략적 진행계획(주체, 기간, 장소, 비용, 실행 행위 등)
	대상 및 실행주체(R&R)
	실행 액티비티 세부설명
	타임라인(PDCA)
	총 소요비용 (직간접 비용)
	추가 참고사항, 고려사항
	상내에 대한 요청사항(구체행동)
실행결과/ (예상결과) 개선효과	실행 후 예상 결과
	진행경과(주체, 기간, 장소, 비용, 실행 행위 등)
	진행 후 성찰 내용 (향후 개선 계획)
	진행 후 모니터링 방안
	현장의 의견
	전후 비교
	비용 대비 효과

보고서 유형에 따라 목차 선별

과제 맥락에 따라 서브목차 선별

어떻게 핵심 메시지를 구성하는가

정말 필요하면서도 강력한 '서브목차'를 골라야 합니다.

'서브목차'를 고를 때 참고하면 좋은 기준은 아래와 같습니다.

1. 해당 목차를 가장 잘 설명하는 메시지는 무엇인가?
2. 어떤 메시지가 가장 현실적으로 보고서의 주장을 뒷받침하는가?
3. 구체적으로, 특히 수치로 보여줄 수 있는 메시지는 무엇인가?
4. 경영진이 최근 중요하게 언급하는 메시지는 무엇인가?

**목차의 중요도에 비례하여
사용하는 서브목차의 개수도 늘리거나 줄이는 것이 좋습니다.**
원페이지에서 가장 중요한 목차라면 서브목차를 3~4개,
덜 중요한 목차라면 서브목차를 1~2개 정도 활용하면서
원페이지의 메시지 분량을 조절하는 것입니다.

서브목차가 선정되면 서브목차별로
1~2개의 문장으로 표현하는 것이 좋습니다.
이어지는 표를 참고하기 바랍니다.

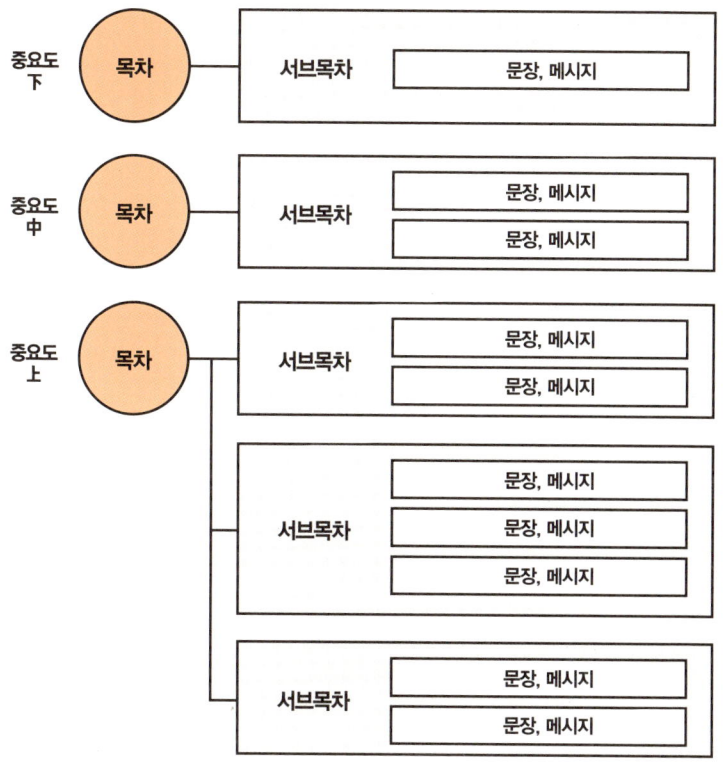

각 서브목차에 대한 세부 설명과 실제 예시 문장은
저의 블로그(네이버 "박혁종" 검색 / 블로그 연결)에
추가로 제시되어 있습니다.

원페이지의 최종 뼈대 '목차설계도'

원페이지의 최종 뼈대를 살펴봅시다.

첫 번째로 **원페이지의 작성 배경과 궁극적으로 만들어내야 하는 목적을 문장으로 정돈**합니다.
이 작업은 과녁을 정하는 것이므로 매우 중요합니다.

두 번째로 **해당 원페이지의 유형은 무엇이어야 하고 문서로서 어떤 특징을 품어야 하는지**를 정합니다.

세 번째로 메시지의 집중 포인트를 정하고
메시지의 톤 앤 매너 Tone & Manner를 확립합니다.

네 번째로 **해당 보고서 유형과 과제에 적합한 목차를 선정**합니다.
또한 **방점을 두어야 하는 목차를 지정**합니다.

즉 제한된 영역에서 어떤 목차에 힘을 주어야 하는지 정합니다.
(이 단계에서는 목차별 대표 질문을 참고하면 좋습니다.)

다섯 번째는 **목차의 스토리를 뒷받침하는 '서브목차'를 선정**합니다.
선정된 서브목차가 상위 목차와
논리적으로 **연결되어 상위 목차를 지지하는지** 확인합니다.
궁극적으로는 원페이지의 목적과도 연결되는지도 살펴봅니다.

최종 작성된 원페이지의 분량이 많을 것 같으면
서브목차의 개수를 줄이거나 유사한 내용을 합쳐 조절합니다.

마지막 여섯 번째 단계에서는
문장 직전의 모습인 '핵심 어근'을 만들어봅니다.
서브목차가 잡히면 문장, 그래프, 표 등의 형태로 기록하기 전에
핵심 어근을 정해두는 것이 좋습니다.

'핵심 어근'이란 문장으로 완성하기 전 주요 단어를 나열한 것으로,
문장의 내용을 또렷하게 지정합니다.
핵심 어근을 도출할 때는 중요 단어를 중심으로 기록합니다.

==핵심만 콕 찍어 단어화하는 단계에서 멈추는 것이 중요합니다.==
==문장의 20퍼센트 비중으로 키워드를 나열하는 것이== 적절합니다.

'핵심 어근'을 도출하고 활용할 때는
몇 가지 유의사항을 기억해야 합니다.

==첫째, '핵심 어근'을 먼저 쓰고, 문장을 쓰는 것이 좋습니다.==
서브목차에서 핵심 어근 정리를 건너뛰고 바로 문장으로 쓰면
중요한 내용에 집중하지 못할 수 있습니다.

또한 실제로 문장을 쓰는 작업을 할 때
머릿속에 떠오르는 내용을 무분별하게 타이핑할 확률도 높고
앞뒤 문장끼리 엉키는 경우도 발생합니다.

==둘째, '핵심 어근' 하나당 한 줄의 문장,==
==또는 하나의 정리된 표로 나타내기 위해 노력합니다.==
그래야 한 문장당 하나의 의미, 한 단락당 하나의 메시지를 갖는
원페이지를 구현할 수 있습니다.

원페이지 작업에서는 문장이 짧고 명쾌해야 합니다.
그래야 전체 문서의 논리와 맥락이 올곧이 바로 섭니다.
짧고 명쾌한 문장은 '핵심 어근' 하나만 품습니다.
그래야 뜻이 겹치거나 맴돌지 않으며 비약도 없습니다.

셋째, '핵심 어근'을 실제 원페이지 위로 올릴 때
어떤 형태로 표현할 것인지 미리 정하고 기록합니다.
문장, 표, 도형, 차트 중에 최적의 표현을 미리 지정하면
실제 원페이지가 주는 느낌과 부피감을 알게 됩니다.

아래의 샘플을 정독해보기 바랍니다.

① 연구소의 OO장비 교체가 필요하다

새롭게 연구실을 확장함에 따라 최신의 연구장비들로 새로 구매하여 설치해야 한다. 기존에 연구실 확장기획서를 통해 본 건에 대한 큰 그림은 이미 보고가 되어 있는 상태이다. 연구장비 구매와 관련한 모든 사항에 대한 의사결정을 얻어내야 한다.

②		
문서유형	■ 품의/기안, □ 결과보고, □ 상황(분석)보고, □ 공문서, □ 기획서
분석	정보정리 중심, 내부문건, 단기~중기관점
집중포인트	변경 필요성 강조, 비용 절감 효과 부각, 리스크 최소화
③ 이후 연결문서	시험교체 후 중간상황보고

④ 목차	⑤ 서브목차	⑥ 핵심 어근, 표현 방식	
추진배경 (문제상황 필요성)	기존 선행보고 내용	• OO 기술의 동향, 장비개선 필요점 (기존 기획서 언급내용)	문장
	핵심 이슈 (개선 필요점)	• 현재 OO직군의 대표적인 불만 (업무적, 환경적)	문장
	내부요구 (경영진, 업무현장)	• 연구소 환경 관련 대표이사 지시사항 • 연구소 외 연결조직의 요청 (생산, 구매 등)	문장
개선방향 / 지향점	달성목표 (정량&정성)	• 연구절차 개선 정도, 시간 단축, 결과 정확도 측면	문장 + 테이블 표
추진전략	핵심 성공요소 도출과 대응	• 교체해야 하는 장비 & 교체하지 않아도 되는 장비 • 연구장비 교체 성공요소 (호환성, 정확성, 경제성) • 각 요소에 부합하는 후보장비 3가지 비교 및 추천안	테이블표
실행계획	개략적 진행계획 (주체, 기간, 장소, 비용, 실행행위 등)	• 전체 기간별 프로세스 (20년 8월 ~ 20년 12월) • 필요예산, 비용처리계정 • 수행주체 (연구소, 구매팀, 공무환경팀 등) • 기존 장비 처리계획	도형, 테이블 표
	타임라인 (PDCA)	• 장비교체 프로세스 개괄 일정 표시 (장비확정, 구매, 시범교체/가동, 전체교체, 모니터링)	간트 차트 표
	총 소요예산 (직,간접 비용) 및 자원동원	• 세부 소요비용, 기존 투자계획 & 비용 절감 추정치	문장
	상대에 대한 요청사항 (구체행동)	• 장비선정 PT심사일정 및 경영진 참여 요청	문장
	진행 후 모니터링 방안	• 시범장치 교체 시 중간상황보고 계획	문장
별첨	1. 연구소 증설 기획서 관련 페이지 요약본 2. 세부 타임라인 일정 계획 3. 교체 후보 장비 세부 스펙 비교표		

이렇게 원페이지의 전체 목차에 따른 '서브목차',
그리고 '핵심 어근'까지 표현해낸 것을
전문 용어로 **'목차 설계도'**라고 부릅니다.

**'목차 설계도'를 완성해야
원페이지의 뼈대가 최종 완성되었다고 볼 수 있습니다.**
목차 설계도를 나무에 비유하면
뒷장의 그림과 같이 정리할 수 있습니다.

땅속의 **뿌리**는 나무의 근원이자 본질입니다.
원페이지의 작성 배경, 보고서의 유형, 집중 포인트 설정이
나무의 뿌리에 해당합니다.

땅 위의 영역을 보면
기둥과 같은 굵은 가지는 '목차'와 같습니다.
기둥과 굵은 가지는 잔가지들이
옆으로 뻗을 수 있도록
그 위치에서 버텨줍니다.

목차설계도의 비유

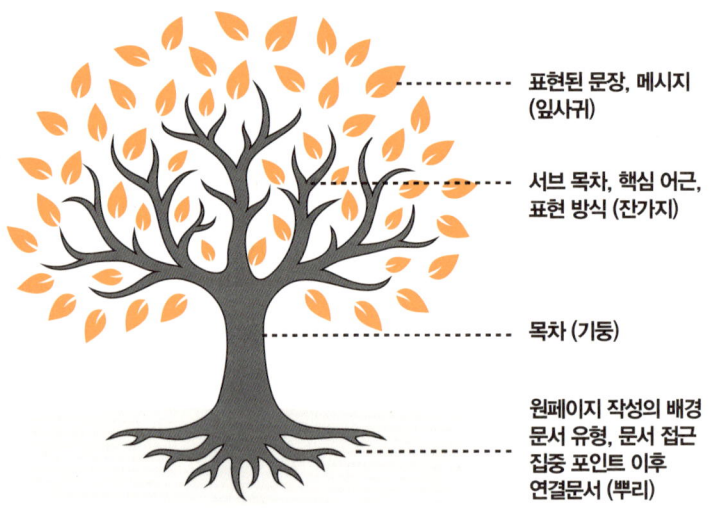

- 표현된 문장, 메시지 (잎사귀)
- 서브 목차, 핵심 어근, 표현 방식 (잔가지)
- 목차 (기둥)
- 원페이지 작성의 배경 문서 유형, 문서 접근 집중 포인트 이후 연결문서 (뿌리)

목차에서 뻗어나가는 잔가지들은 '서브목차'입니다.
잔가지는 보통 잎사귀에 가려져 잘 보이지 않습니다.
하지만 잎사귀들이 싹을 틔워 올라올 수 있는
기초 역할을 충실히 해줍니다.

잔가지 위에 펼쳐 올라온 **잎사귀는**
'서브목차'를 딛고 최종적으로 표현된

문장 중심의 메시지 표현들입니다.
이렇듯 각자의 위치에서 각 항목이 제 역할을 할 때 원페이지 작성에 성공할 수 있습니다.

ONE PAGER

4

어떻게

짧고 명확하게 표현하는가

How to Make it Short And Clear?

가로 버전 원페이지 vs 세로 버전 원페이지

원페이지는 작성 툴과 종이 출력물을 활용하는 방향에 따라
세로 버전과 가로 버전으로 원페이지를 작성할 수 있습니다.
원페이지의 가로 버전과 세로 버전 둘 중에
특정 버전이 좋고, 나쁘다고 규정할 수는 없습니다.

**다만 세로 버전을 활용할지, 가로 버전을 활용할지를
결정한 후 작업**하는 것이 좋습니다.
나중에 방향을 바꾸려면 시간도 오래 걸릴뿐더러
내용을 조정해야 할 수 있기 때문입니다.

두 가지 유형의 문서는 일장일단이 있습니다.

세로 버전 원페이지는 사용 툴이 한글 HWP, MS워드일 때 최적입니다.
문장 중심으로만 기술할 때 가장 좋고,

위에서 아래로 흘러내려가는 메시지,

이른바 줄글 위주의 문서일 때 선정하는 것이 좋습니다.

세로 버전 원페이지는 **면적을 알뜰하게 사용**할 수 있고
문장을 길게 쓸 수 있다는 장점이 있습니다.
단점은 좌우의 면적이 좁기 때문에
도형이나 그래프가 하나 들어가서 자리를 잡으면
문장이 들어갈 면적이 현저히 줄어듭니다.

가로 버전 원페이지는 파워포인트를 쓸 때 최적입니다.

원페이지 가로 버전

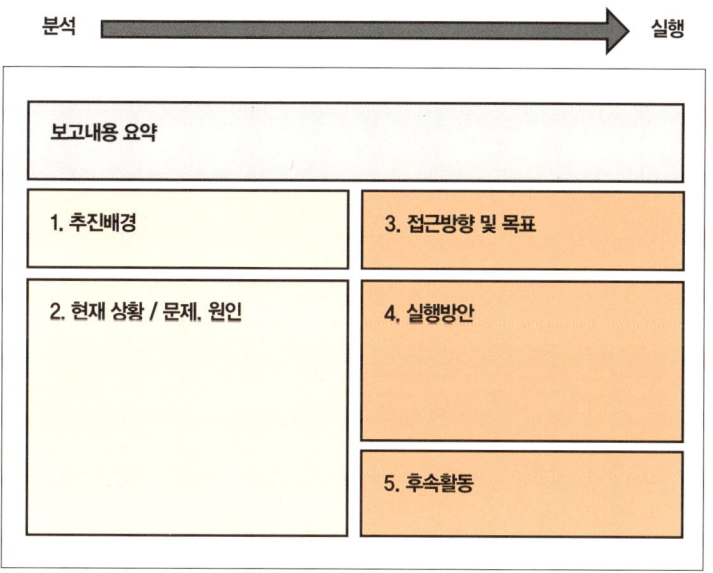

또한 **중요한 도형, 그래프로 일부 면적을 활용**할 때 좋습니다.

가로 버전은 보통 **양면분할형(일명 좌우 쪼개쓰기)으로** 사용합니다.
양면분할형은 '문제 대 해결', '사실 대 의견',
'분석 대 실행' 등의 표현에 최적입니다.
두 개의 메시지 덩어리가 서로 마주보도록 배치할 수 있기에
대칭 논리, 메시지의 좌우 상호대조를 직관적으로 표현할 수 있습니다.

가로 버전의 장점은 면적을 효율적으로 하고
메시지의 좌우 논리를 쉽게 표현할 수 있다는 데 있습니다.
하지만 **문장의 길이는 세로 버전에 비해**
60퍼센트 정도만 활용할 수 있습니다.

세로 버전과, 가로 버전 중에 무엇을 쓸지는
회사 내부상황을 고려하여 선택합니다.
세상에 정답은 없습니다.

그래도 하나만 꼽아달라고 한다면
세로 버전 원페이지를 파워포인트로 작성하기를 권합니다.

두 가지 이유 때문인데요.

첫째, 문장을 좀 더 풍성하게 쓸 수 있습니다.
안 그래도 줄여서 써야 하는 것이 원페이지인데,
문장까지 짧게 쓰면 이해도, 정확도가 떨어질 수 있습니다.

둘째, (필요에 따라) 일부 면적에 좌우 대칭을 활용하면 됩니다.
가로 버전의 장점인 메시지 배열을 접목할 수 있습니다.

다음 페이지의 샘플은 **세로 버전 기반으로 작성하되,**
가로 버전을 일부 가미한 레이아웃입니다.
문장 중심으로 기술하되 표, 그래프 등을 약간 활용하는 방식이며
가장 현실적인 원페이지 면적 활용법입니다.

한 줄의 문장을 옆으로 길게 쓰면서도
일부 면적은 좌우로 구분하여 작성하는 것이 가장 현실적이면서도
적은 면적을 알뜰하게 활용하는 방법입니다.

세로 버전 기반 + 가로 버전

분석 ↓

| 제목/부제 |
| 보고내용 요약 |

Chapter 1
Text

Chapter 2
도형, 그래프, 표   Text

Text
Text

Chapter 3
Text

Text   도형, 그래프, 표

Text
Text

실행

원페이지 설계 단계에서

'분석'과 '실행' 메시지의 균형을 맞춰야 한다고 강조했습니다.

그러나 오해하지 마십시오.

균형을 맞추라는 말은 50:50의 비중을 지키라는 말이 아닙니다.
연결성이 높고, 상호보완적인 상태를 유지하라는 말입니다.
원페이지의 내용과 과제에 따라 면적의 비중은 조금씩 달라져도 됩니다.

일반적인 원페이지 면적의 활용 상황은
보통 50:50의 비중을 기준으로 출발합니다.
주로 일반적인 기획 과제를 다룰 때 사용합니다.

일반적 균형감 50:50

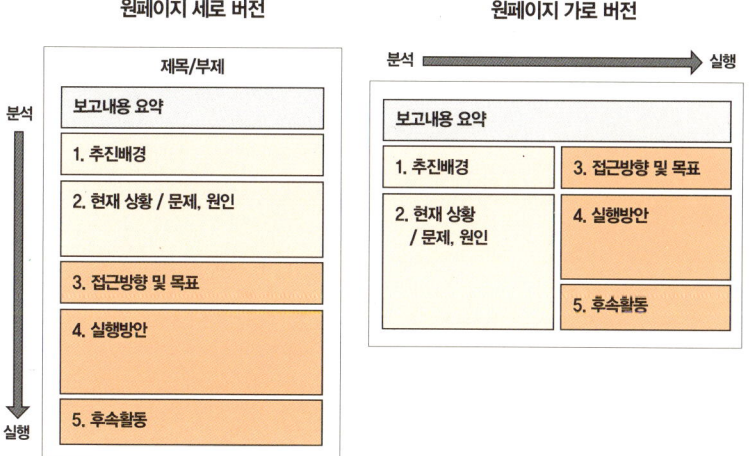

문제가 무엇이고, 왜 그러한지, 어떻게 대처할 계획이 있는지 등
양대 메시지가 팽팽히 맞서며 균형감을 가져야 합니다.
이때는 균형감 있는 절반의 면적 활용이 좋겠습니다.

원페이지에 **'분석'을 더 담아야 하는 상황**을 가정해봅시다.
처음 발생한 문제의 원인과 상황을 면밀히 보고하는 경우,
새로운 기술 트렌드가 무엇인지 정밀하게 분석하여 보고하는 경우,
문제, 사건이 현재까지 진행된 경과를 보고하는 경우,
일반적으로는 상황보고, 분석보고 문서가 이에 해당합니다.

분석이 중요한 상황 80:20

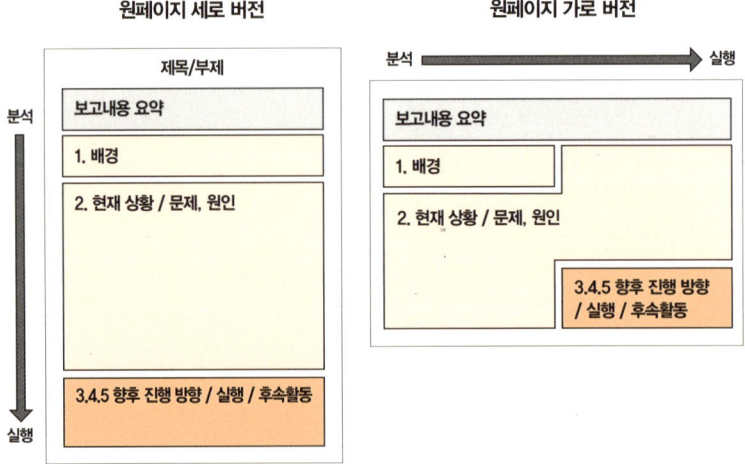

이때는 분석에 좀 더 많은 메시지를 쓸 수밖에 없습니다.
절반의 비중을 과감하게 뛰어넘어
분석에 더 많은 비중을 할애하는 겁니다.

이제는 반대 상황입니다.
분석에 대해서는 이미 보고된 상태고요.
실행 계획, 또는 실행 이후의 결과물에 대해
정리하고, 보고해야 하는 상황입니다.
일반적으로 실행품의(기안), 결과보고가 이에 해당합니다.

실행이 중요한 상황 20:80

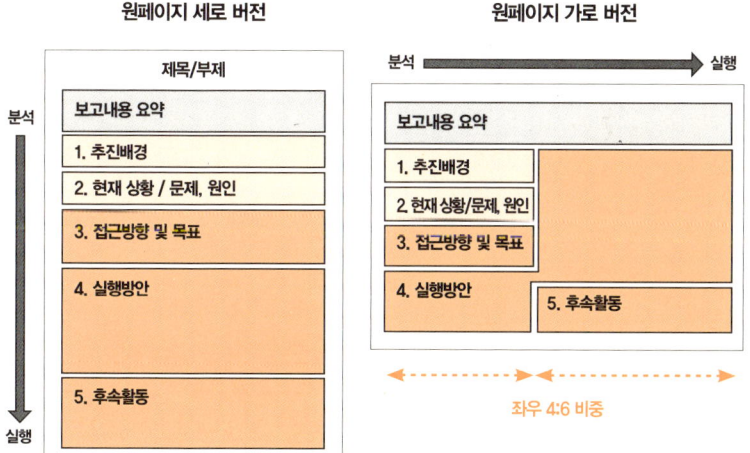

이때는 분석을 줄이고, 실행안을 집중해서 다룹니다.
활용하는 절대 면적이 실행에 쏠려도 괜찮습니다.
가로형인 경우에는 좌우 대칭을 무너뜨리고,
분석과 실행의 좌우 대칭을 4:6 정도로 바꾸어
실행 면적을 좀 더 효율적으로 쓸 수 있습니다.

'분석'과 '실행'을 반반씩 써야 한다는 것은 고정관념입니다.
원페이지가 다루는 테마와 상황에 따라서
활용 면적의 비중을 조정해야 합니다.
사용 면적과 메시지의 중요성이 비례하도록 말입니다.

헤드라인이 진짜 중요한 이유

원페이지는 극한의 간결함을 구현하는 문서입니다.
몇십 장의 문서에 비해 다섯 배 이상의 노력과 시간이 듭니다.

"원페이지로 쓰라니까 어쩔 수 없이 꾸역꾸역 써요."
이런 마음이 든다면 원페이지를 쓰는 목적을 떠올려보세요.

원페이지는 그 자체로서 목적성을 갖습니다.
오해와 과장의 소지를 줄이고
빠르고 명확하게 전달하는 것이죠.

이제부터 소개하는 '헤드라인 Headline'은
명확한 전달을 위해 꼭 필요한 원페이지 표현 기법입니다.
헤드라인은 문서의 최상단에 위치하는 메시지입니다.

헤드라인은 왜 쓰는 걸까요?
가뜩이나 공간이 부족한데 헤드라인까지 쓰는 이유가 뭘까요?

원페이지라서 헤드라인은 훨씬 더 중요합니다.
열 장짜리 기획서에는 헤드라인이 없어도 무방합니다.
간결하고 신속한 정보 전달이 아니라
디테일한 정보와 설명에 더 집중하기 때문입니다.

원페이지에서 헤드라인이 중요한 이유는 많지만 정리해보면 네 가지의 장점을 꼽을 수 있습니다.

헤드라인의 힘 1

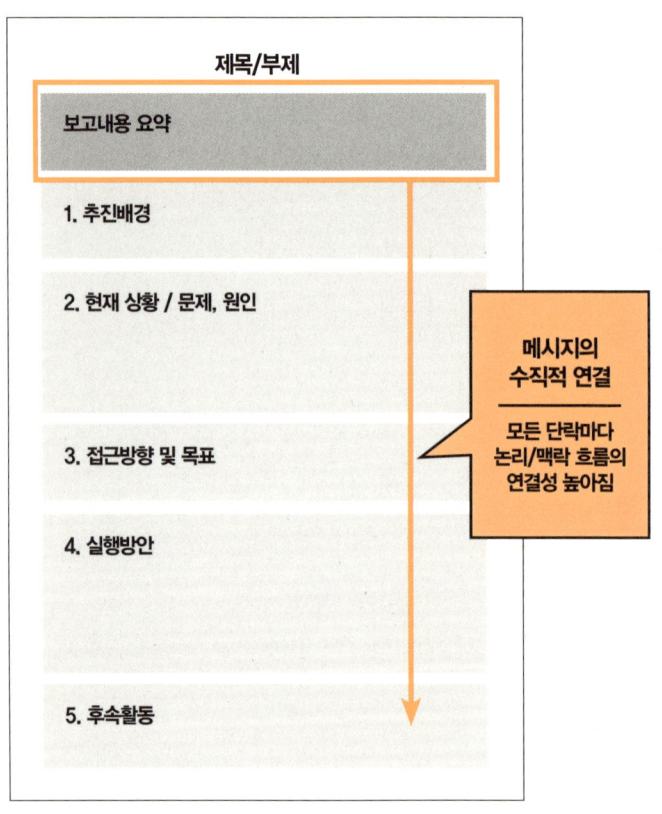

첫째, 평범하게 기록된 문장은 자신의 소명만 다하는 한 줄일 뿐입니다.

문장은 문장대로 품고 있는 메시지가 있습니다만
결국은 부스러기입니다.

낱줄의 문장이 가진 메시지의 힘은 딱 그 줄에서 멈춥니다.
낱개의 문장, 낱개의 단락은 전체를 다루지 못합니다.

헤드라인은 전체를 다루는 임팩트 있는 메시지입니다.
헤드라인은 모든 낱줄의 문장을 하나로 정렬합니다.
이게 바로 '메시지의 수직적 연결' 상태입니다.

둘째, 짧은 문서일수록 처음 접하는 포괄메시지가 중요합니다.

문서의 분량이 극단적으로 줄어들면
자칫 이해도가 떨어질 수 있습니다.
문서가 짧아지면 쉽게 빨리 볼 수 있지만,
'수박 겉핥기식의 이해도'라는 부작용을 낳을 수 있습니다.

오해의 여지를 낮추고, 이해의 수준을 높여야 합니다.
그러려면 '원페이지에 담긴 내용은 딱 ○○○이다!'라고

특정하는 '포괄메시지'가 필요합니다.

헤드라인은 포괄메시지입니다.
포괄메시지가 원페이지 맨 앞단에 떡하니 자리 잡아
다른 부속 메시지를 자력으로 끌어당겨줍니다.
헤드라인의 존재감은 클수록 좋습니다.
원페이지에 담긴 문장과 수치, 단어, 분석자료 등은
헤드라인이 지향점으로 설정되어 있고,
이를 부연 설명하는 것임을 전제합니다.

헤드라인의 힘 2

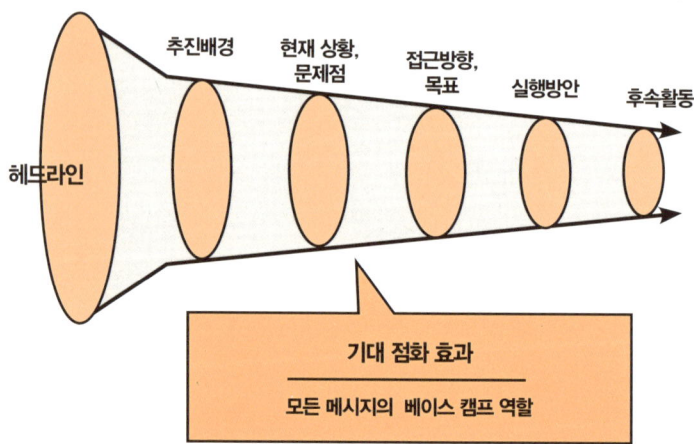

헤드라인을 통해 포괄메시지를 먼저 보여주면서
후속 메시지를 부연하는 방법을
'기대 점화 효과 Expectancy Priming Effect'라고 부릅니다.
이해하기 쉽게 비유하면,
'터널로 데리고 가는' 상황으로 볼 수 있습니다.
"○○이 중요하니, 이를 중심으로 모든 메시지를 보십시오."
이렇게 '은근한 압박 Soft Pressure'을 경영진에게 줄 수 있는 거지요.

셋째, 핵심 포인트를 먼저 제시해야 군더더기 메시지를 줄일 수 있습니다.
헤드라인을 통해 아래의 전제가 형성된 상황을 가정해봅시다.

헤드라인의 힘 3

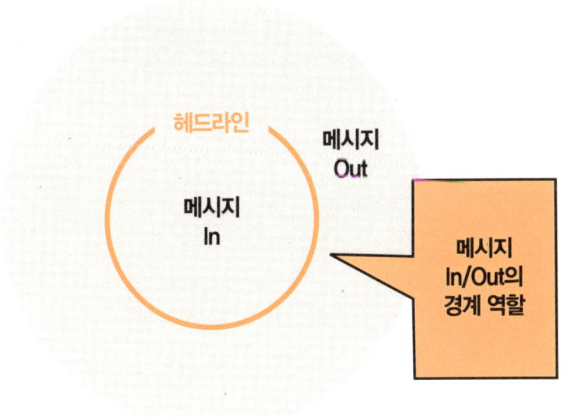

"이 원페이지는 ○○을 중심으로 다룹니다."
"이 원페이지의 핵심 내용은 ○○입니다."
"이 원페이지는 ○○을 ○○ 수준으로 진행하겠다고
이야기할 예정입니다."

위의 전제에 해당하는 내용만 집중적으로 담을 수 있습니다.
전제에 영향을 미치지 않는 내용은 별첨으로 빼거나,
아예 백업 자료로 여기고 원페이지에 기록을 안 해도 됩니다.

헤드라인의 순기능은 원페이지에 넣을 것과 뺄 것을
명확히 구분 짓는 데 있습니다.

**헤드라인이 주장, 강조, 보고의 전제로 확실히 자리매김하면
내용 선별에 더욱 과감해질 수 있습니다.
그렇게 중요한 내용만 선별하여 기술하는 원페이지 작업을
좀 더 수월하게 할 수 있습니다.**

넷째, 헤드라인으로 진정한 두괄식 보고가 가능해집니다.
모든 보고의 미덕은 두괄식 頭括式, Deductive에 있습니다.

두괄식은 '결론부터, 중요한 것 위주로 먼저 말하라'는 겁니다.

그런데 문서를 쓰다보면 애매할 때가 있습니다.
'Why-What-How'의 스토리는 두괄식이 아닙니다.
두괄식의 반대인 미괄식尾括式, Inductive 스토리 구조입니다.

기본적으로 문서는 실행 사항을 뒤에 배치하는 '미괄식'이 좋습니다.
배경과 상황Why을 앞단에 제시하고 이해시켜야만
이를 어떻게 해결What, How할 것인지의 의미가 살기 때문입니다.

하지만 **경영진에게 문서 기록물로 처음 보고할 때는**
'두괄식 보고와 미괄식 기록을 병행'하는 것이 최고입니다.
두괄식과 미괄식을 동시에 활용하는 방식은
헤드라인을 활용할 때만 가능합니다.

좋은 헤드라인을 활용하면 '집약적 두괄식'이 가능해집니다.
'집약적 두괄식' 헤드라인에는 'Why+What+How'가 섞인
총괄 서머리Summary 가 담기면서 모든 것을 품고 이끌어줍니다.
동시에 헤드라인 아래 Why, What, How가

순차적으로 흐릅니다.

'집약적 두괄식'은 뒤집힌 피라미드 구조처럼
큰 그림, 큰 메시지에서 출발하여
확인, 부연, 증명의 세부 메시지로 작아지는 형태를 보입니다.
이 과정에서 원페이지의 설득력은 배가됩니다.

헤드라인의 힘 4

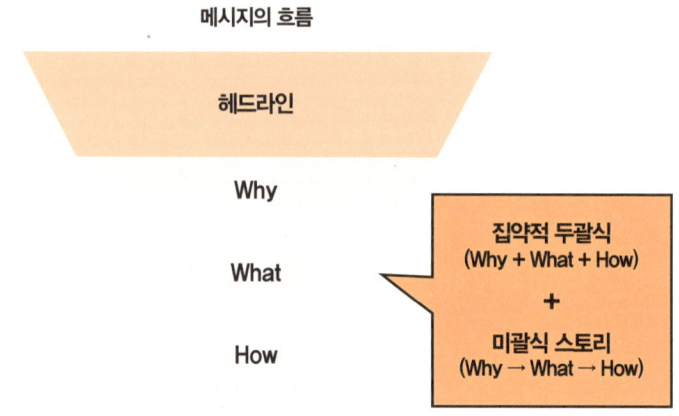

역피라미드 구조

세상에 정답은 없지만 정석은 있습니다.
'이렇게만 쓰면 된다'라고 생각하지 말고,
'이것을 유념해서 쓰는 것이다'로 받아들이면 좋겠습니다.
본인의 업무 상황, 과제의 맥락에 맞게 적용하기 바랍니다.
좋은 헤드라인이 지향하는 상태를 기억하십시오.
'좋은 헤드라인은 경영진의 가슴, 머리, 손을 움직이게 한다.'

**헤드라인은 경영진으로 하여금
심리적인 동요(필요성 수용)를 일으키게 하고,
이성적인 계산에 불을 붙이고,
결국 그와 우리가 어떻게 할 것인지 동의하도록 하는 것입니다.**

경영진의 가슴, 머리, 손이 움직이게 할 사항들이
헤드라인에 기록되도록 끊임없이 노력하십시오.

일반적으로 **헤드라인의 기본 문장**은
'배경/목적 + 실행계획 + 달성목표(수치)'를 근간으로
메시지가 조합되면서 완성됩니다.

일반적 헤드라인의 구조

메시지	헤드라인		
	배경/목적		
		실행계획	
			달성목표(수치)
주요 메시지 내용	~의 목적을 위해 ~의 배경으로 있어서 ~의 문제로 인해	~을 실행하여 ~을 집중 추진하여 ~을 고려하여	~의 일정까지 ~의 수치를 달성함 ~의 상태를 만듦 ~을 완료함

이를 바탕으로 헤드라인 샘플을 만들면 다음의 조합이 나올 수 있습니다.

'~의 목적을 달성하고자 ~을 실행하여 ~까지 ~을 완료함.'
'~의 문제로 인해 ~을 집중고려한 ~을 실행하여 ~의 상태를 회복함.'
'~의 취지가 있어 ~을 실행하여 ~까지 ~의 수치를 달성함.'

* * *

좋은 헤드라인을 작성하는 몇 가지 팁을 제시하겠습니다.
참고하면 실무에 큰 도움이 될 것입니다.

첫째, 반드시 목차설계도를 먼저 참고합니다.

헤드라인은 즉흥적으로 쓰지 말아야 합니다.

구성 단계에서 작업했던 목차설계도를 보면서,

가장 중요한 메시지가 무엇인지를 먼저 선별합니다.

목차설계도를 보면, 가장 중요한 메시지가 무엇인지,

어떤 항목이 대표적이면서 구체적인지 알 수 있습니다.

더불어 문서 유형별로 강조해야 하는 목차,

즉 방점을 찍어야 하는 메시지가 무엇인지도 다시 한 번 확인합니다.

둘째, 최대한 말을 돌리지 말고 직접적으로 씁니다.

헤드라인은 경영진에게 보내는 의사결정의 신호입니다.

실무자의 입장을 버리고

경영진의 입장을 중점 고려하여 선별하고 기록합니다.

그러므로 매우 확실하고 자신 있게 쓰십시오.

실무자의 영혼이 없는 헤드라인,

이것도 아니고 저것도 아닌 애매한 헤드라인은 죄악입니다.

말없이 정확하게 확신의 어투를 쓰십시오.
'일 수 있음', '~로 보여짐', '~ 하는 것이 좋음'의 어투는
유약한 '쭈구리'들의 언어입니다.

헤드라인만큼은 완전 직구로 가십시오.
반려할 것인가, 결재할 것인가의 판단은 경영진이 합니다.

실무자가 제시하는 의견부터 흔들리는 느낌이 짙고 확신이 없으면
결재하고 싶은 마음이 뚝 떨어집니다.
'~임, ~음, ~함'의 어투로 딱 떨어지는 느낌을 부여하고
'~로 판단됨, ~로 확인됨, ~로 실행하겠음'의
실행확신 어투를 쓰십시오.

셋째, 헤드라인은 두 줄 정도로 씁니다.
헤드라인은 길면 안 됩니다. 두 줄이면 충분합니다.
강한 임팩트를 주려면 분량은 콤팩트해야 합니다.

적절한 헤드라인의 길이는 '단숨에 읽을 수 있는 정도'입니다.
문장을 읽는 동안 호흡하기 위해 쉬었다가 읽을 정도라면,

패나 긴 문장에 해당합니다.
두 줄이면 베스트,
세 줄이면 소 소So So와 배드Bad 사이,
네 줄 이상은 드롭Drop 입니다.
드롭은 다시 쓰라는 말입니다.

그렇다면 한 줄은 어떨까요?
원페이지에서 한 줄의 헤드라인은 너무 짧습니다.
한 줄의 헤드라인 밖에 나오지 않는 원페이지는
문서로 정리할 필요가 없을 정도로 중요하지 않은 것입니다.

넷째, '~은 아래와 같음'이라는 문구는 쓰지 마십시오.
'아래와 같음'은 아무 내용 없는 글자의 조합일 뿐입니다.
주요 내용을 담지 못하고, 그냥 읽으면 된다는 식의
헤드라인은 존재의미가 없습니다.

다섯째, '왜 / 무엇을 / 어떻게'는 꼭 들어가도록 하십시오.
'Why-What-How' 단락별 중요 메시지가 버무려져
헤드라인 문장으로 완성되어야 합니다.

사안에 따라 What과 How의 비중을 높이는 경우도 많습니다.
헤드라인은 '경영진이 원페이지의 본문을 읽지 않아도
내용이 이해될 정도'로 구체적인 것이 좋습니다.
헤드라인만 보고 아래의 메시지를 읽지 않더라도
결재할 수 있는 수준이 되어야 합니다.

여섯째, 중요한 수치를 꼭 넣습니다.
앞서 수치 메시지의 중요성을 강조했습니다.
중요 수치는 별첨으로 들어가서는 안 되며
있는 그대로 노출해야 한다는 이야기를 기억하실 겁니다.

그리고 경영진이 가장 민감하게 여기는 수치는
'**돈**', '**시장**', '**고객**'이라는 것 또한 기억하실 겁니다.
돈, 시장, 고객에 해당하거나, 이에 영향을 주는 수치라면
무조건 헤드라인에 매우 구체적으로 기록되어야 합니다.

일곱째, 헤드라인에 쓰인 **형용사와 부사는 죄악이고**
애매함, 추상적 표현은 죽음입니다.
스티븐 킹《유혹하는 글쓰기》에 이런 말이 있습니다.

"지옥으로 가는 길은 수많은 부사로 뒤덮여 있다."

원페이지 문서에 꾸밈은 필요 없습니다.
특히 헤드라인에 모호한 표현이 있어서는 절대로 안 됩니다.
헤드라인은 '돌직구'로 쓰고,
수치를 있는 그대로 보여줘야 합니다.

아래 교정된 사례를 보면 이해가 빠릅니다.

"2008년 개발된 LMS는 노후 프로그램으로
사용자 업무 효율성 향상을 위한 개선을 시도함."

이 문장은 LMS라는 프로그램을 어떻게 개선할지 불분명하고,
업무 효율성 향상이 무엇인지 불분명합니다.
열심히 잘하겠다는 의지 표명에 그치는 문장이지요.

"노후된 LMS(08년 개발)를 최신 DB상태로 개선하여
평균 실험소요일을 단축(8.3일 →7.8일)하고자 함."

이렇게 써보면 어떨까요?

불분명한 개선 내용을 더 확실하게 표기하고,
생산성이 높아지는 구체적인 지표를 제시했습니다.

두 번째 사례를 보십시오.

> "수입산 육류의 구매 통합 및 직수입을 통해
> 구매원가 절감 및 효율화를 달성하고자 함."

이 문장은 수입산 육류가 무엇인지,
언제, 어떻게, 무엇을 개선할 것인지가 불분명합니다.

구매원가를 절감하고 효율화를 한다면
뭐가 어떤 수준으로 될 것인지가 없습니다.
이 또한 "열심히 힘닿는 대로 하겠다."라는 말과 다름없습니다.

> "수입산 소고기의 구매처 통합 및 직수입을 3분기 내 시행하여
> 16%의 구매원가 감소, 연간 2.2억 원의 비용을 절감함."

이렇듯 생략된 주요 정보를 넣어야 합니다.

육류를 소고기로 특정하고, 시행 시점을 지정하며,
구매원가가 어느 수준까지 감소되는지,
그래서 총 절감액이 얼마인지 표시했습니다.

좋은 헤드라인 샘플을 하나만 더 보십시오.
채용 제도 개선 기획서의 헤드라인입니다.

좋은 헤드라인의 샘플

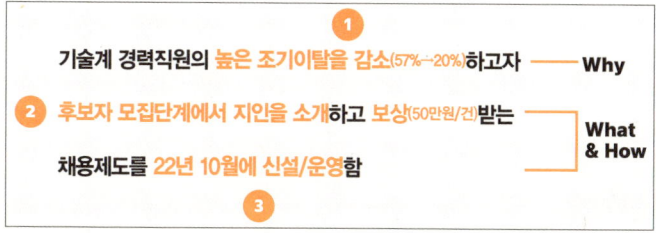

1번 문구는 무엇이 문제인지, 얼마나 문제인지를 보여줍니다.
그리고 문제 개선 목표도 제시합니다.
(돈, 시장, 고객 중 '내부 고객의 이탈률' 문제를

있는 그대로 수치로 다루고 있습니다.)

2번 문구는 새롭게 시행하려는 제도의 핵심만 담았고
금전적인 항목이 민감할 수 있으니 구체적 수치로 기록합니다.
(돈, 시장, 고객 중 '비용'의 수준을 수치로 다룹니다.)

3번 문구는 실행 일자를 수치로 보여주되
신설과 운영을 같이 기록했습니다.
기존에 없었던 제도라는 점을 다시 한 번 강조했습니다.

단락별 핵심 문장과 비즈니스 단어의 활용 ③

원페이지에서 헤드라인의 의미는 매우 큽니다.
전체 메시지를 관통하는 헤드라인은
원페이지의 맥락이 곁길로 세지 않도록 방향을 제시합니다.

전체를 대변하는 선언적 메시지인 헤드라인 외에
단락별로 핵심 메시지를 정리하면 전달력이 좋아집니다.

'단락별 정리 Chapter Summary'를 하면 좋은 점은
크게 세 가지로 정리할 수 있습니다.

첫째, 극강의 수직적 메시지 연결이 만들어집니다.
전체의 메시지를 포괄하는 헤드라인이 상단에 배치되고
그 헤드라인을 지원사격하는 1차 단락,
1차 단락에 연결되는 2차, 3차, 4차, 5차 단락이 존재하면
메시지의 '수직적 통합 Vertical Integration'을 가능하게 합니다.

전체 원페이지에 있는 모든 크고 작은 메시지의 연결,
즉 '단어–문장–단락–문서'의 합종연횡이 되는 겁니다.

둘째, 디테일 문장, 단어를 읽지 않아도
해당 단락의 핵심 주장을 더 빠르게 이해하게 합니다.

원페이지는 바쁜 사람이 후딱 읽어도

알아보는 데 최적화되어 있어야 합니다.
단락별 정리만 봐도 주요논점이 이해된다면
아주 빠르게 내용을 파악할 수 있습니다.

셋째, 핵심 메시지의 의도적 반복이 가능해집니다.
헤드라인이 포괄메시지로 자리매김을 하고,
목차(단락)별 대표 메시지가 또다시 기술되면
반복 요약이 가능해집니다.

중요 사항과 수치를 지속적으로 보여주는
'의도적 반복, 의식적 강조'를 추구하는 겁니다.

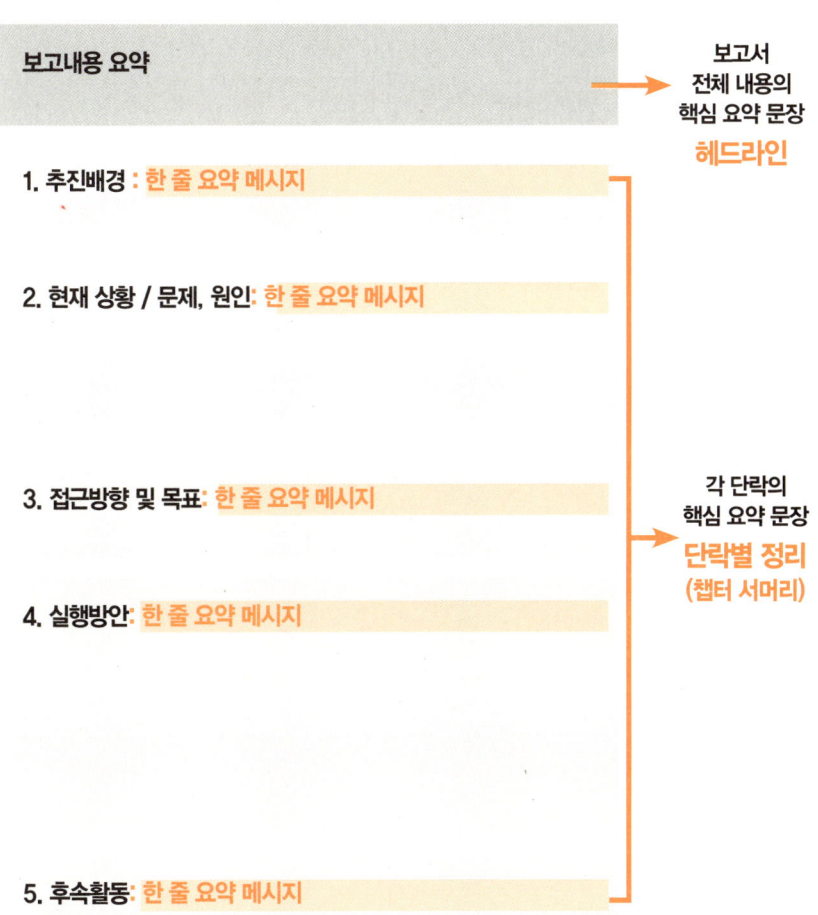

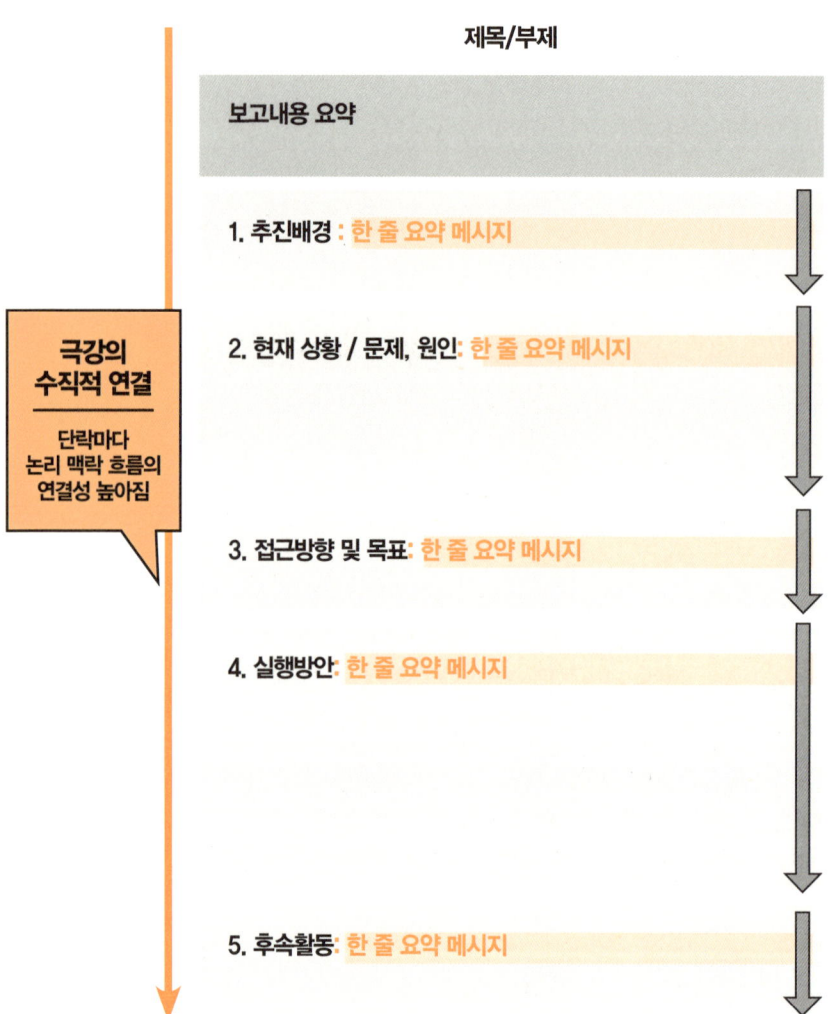

단락별 핵심 문장은 보통 두 덩어리가 합쳐져 작성됩니다.
원페이지 작업을 할 때 적절한 문장이 생각나지 않는다면
샘플로 제시한 문장을 선정, 응용하여
단락별 정리 문장을 기록해보는 것도 좋습니다.

단락별 정리에 활용하는 문장들

주요단락	단락별 핵심 문장	원페이지상의 위치		
		Why	What	How
배경, 취지	• ~ 에 대해 ~ 할 필요가 있음 • ~ 에 대한 ~ 접근이 요구됨 • ~ 에 대해 ~ 로 나타남	●	◐	
현상분석 /상황기술	• ~ 하고 있으며, ~ 로 전망됨 • ~ 으로 인해 ~ 이 필요함 • ~ 의 상황으로 ~ 을 고려해야 함	●	◐	◐
인과관계 / 원인분석	• ~ 하여 ~ 가 발생함 • ~ 의 문제는 ~ 에 기인함 • ~ 의 원인은 ~ 으로 판단됨	◐	●	
지향점 / 목표	• ~ 진행하여 ~ 을 달성/추구함 • ~ 을 통해 ~ 을 시도함 • ~ 을 ~수준까지 가능/단축하노록 함 • ~ 을 하여 ~ 을 도출/수립/확보/개발/개선함	◐	●	
실행전략 /후속추적	• ~ 단계로 진행됨 • ~ 을 중심으로 ~~ 접근함 • ~ 을 ~ 까지 완료예정임 • ~, ~, ~ 을 집중 고려함 • ~ 의 비용이 소요됨 • 기존과 ~~ 이 달라질 예정임 • 향후 ~ 을 적용함		◐	●

문장 샘플 표는 세 단계를 거쳐 활용하기 바랍니다.

1단계 : 필요한 메시지를 정합니다.

우리가 가장 많이 활용하는 메시지는
'배경/취지', '현황분석/상황기술', '인과관계/원인분석'
'지향점/목표', '실행전략/후속추적' 등으로 구분할 수 있습니다.
이 중에 어떤 문장이 적합한지를 선정합니다.

2단계 : 적절한 문장을 선정합니다.

적합한 문장을 선정하는 것은 결국 작성자의 몫입니다.
자주 활용되는 문장을 표에 담았으니
적합한 뉘앙스의 문장을 선정하고 약간 조정하십시오.
〈단락별 정리에 활용하는 문장들〉표의 우측에는 'Why, What,
How'의 큰 흐름에서
더 많이 출현하는 빈도를 기록했습니다.

3단계 : 구체적 단어를 끼워넣고 문장을 조정합니다.

예를 들어 '~에 대해 ~할 필요가 있음'의 문장을 골랐다면
'~'을 해당 원페이지 문서에서 다루는

고유명사, 핵심수치, 지표, 업계 전문용어로 변경하여
최종 문장을 완성하면 됩니다.

* * *

문장을 구성하는 기초 단위는 **'단어'**입니다.
문장을 잘 쓰려면 적절한 단어를 골라야 합니다.
평소에 문서 작업을 거의 안 하다가 글을 쓰려고 하면
단어가 잘 떠오르지 않습니다.

또한 문장을 쓰는데, 동일한 단어만 반복 연상되면 답답합니다.
일반적 비즈니스 상황에서 사용하는 단어는 많지만,
문서에 쓰는 단어는 더 정제되고 사무적이어야 합니다.

아래 정리한 비즈니스 단어를 활용하면
조금은 쉽게 문장을 쓸 수 있습니다.
통계적으로 많이 활용하는 비즈니스 단어를 표에 담았습니다.
실제로 사용빈도가 높지만, 이 단어들에 너무 의존하지 말고
적절한 단어가 떠오르지 않을 때만 활용하기 바랍니다.

자주 활용하는 비즈니스 단어들

형용사	동사형 명사		
	구분	지향적(목표, 목적)	개선적 (과정, 수행)
목적 관련 전략적, 계획적, 의도적, 종합적공식적, 체계적, 성과지향적, 주기적,실질적, 궁극적, 본격적, 유기적, ~를 기반(근간)으로 한, 확고한, 철저한, 유연한, 유효한, 효율적 **시간 관련** 지속적, 장기적, 단기적,영속적	긍정 Positive	성장,제고,정착, 구축, 함양, 고취, 발전 ,강화, 보강, 상승최적화, 가속화, 극대화, 활성화, 문제해결수립, 창출, 획득, 추구, 마련, 제공, 도달, 달성확산, 확보, 전파, 통합	진행, 도모, 촉진, 개선, 공유, 활용, 시도, 실시, 분류, 협업, 전개, 탐색, 기반, 필요증대, 설계, 개발, 도출, 접목, 발굴, 배양, 가능, 적용, 육성, 검증, 제공, 준수, 정립, 함양, 유도, 발현, 투입, 도입, 인식, 습득유지, 절감, 경쟁, 균형, 초월, 능가회복, 분산, 안정, 연장, 전환, 측정집중, 추진, 통제, 고려, 구조화, 발견, 배치생성, 수렴, 안내, 연결, 요구, 재개, 진화, 채택, 확인, 지속, 보존, 보유, 간소화
	부정 Negative	취약, 격차, 미흡, 하락, 최소화	감소, 제거, 제어, 축소, 저조, 편중방지, 완화, 차단, 해체, 부족

비즈니스 단어는 크게 **'형용사'와 '동사형 명사'**로 구분됩니다.

'형용사'는 해당 문장에서 다루는

메시지의 수준이나 방향을 나타내고

'동사형 명사'는 주로 실행의 모습을 보여줍니다.

이러한 비즈니스 단어군을 기반에 두고,

다섯 단계로 문장을 구성합니다.

1단계 : 문장에 어떤 메시지를 넣을 것인지 내용을 먼저 정합니다.

문장의 내용은 막연히 생각하는 것이 아닙니다.
메시지 설계도에 있는 서브목차와
세부 내용을 바탕으로 연상되어야 합니다.

2단계 : 내용, 취지에 적합한 '형용사' 하나와
그에 적합한 '동사형 명사'를 고릅니다.

최적의 단어를 찾는 것이므로
비즈니스 단어군에 너무 집착하지 마세요.

비즈니스 단어군은 모범답안이 아닌 참고자료일 뿐입니다.
머릿속의 어휘를 끄집어내게 하는 마중물 같은 자료입니다.

3단계 : '형용사'와 '동사형 명사'를 조합합니다.

4단계 : 원래 기술하고자 했던 문장의 핵심 어근으로 적합한지 검토합니다.

만약 원래 취지에 맞지 않으면 단어를 바꿔봅니다.

**5단계 : 과제의 구체적 내용을 담은 고유명사
또는 핵심 수치, 적절한 조사를 첨가해 문장으로 바꿉니다.**

여기서 중요한 점이 있습니다.
비즈니스 단어군에 있는 형용사를 그대로 문장에 쓰면 안 됩니다.
형용사 특유의 어렴풋한 묘사에 멈춰서는 안 된다는 말입니다.
"형용사와 부사 남발 금지!"
이 문구를 항상 뇌리에 새기고, 문서를 쓸 때 고려해야 합니다.

선정한 형용사에서 언급하는 내용과 수준이 무엇인지
구체적으로 문장에 드러나야 애써야 합니다.

예를 들어 보겠습니다.
'효율적 개선'은 '○○지표 30% 상승을 위해 ○○를 개선함'으로
'장기적 마련'은 '2025년까지 ○○제도를 마련함'으로
'전략적 추진'은 '○○채널에 집중한 ○○상품개발을 추진함'으로
바뀌어야 합니다.

효율적이란 그 효율이 무엇인지,

장기적이란 어느 기간인지,
전략이란 어떤 전략인지 구체적으로 써야 좋은 문장입니다.

꼭 기억하십시오.
형용사와 부사가 많을수록 문장은 흐려지고
문서는 에세이가 됩니다.

원페이지 문장 구현의 핵심 스킬

먼저 보이는 내용은
나중에 보이는 내용에 영향을 미치기 마련입니다.
몇 가지 요소가 나열되는 문장이라면
순차적 의미전달에 신경 쓸 필요가 있습니다.

그래서 '중요한 것 먼저 쓰기'를 지켜야 합니다.

원페이지에서는 먼저 보이는 것이 더 중요한 것이어야 합니다.

한 단락에 네 줄의 문장이 있거나,
한 문장에 3~4개의 요소가 나열된다고 가정해봅시다.
경영진은 먼저 눈에 보이는 것만 보고
나머지는 보지 않을 수도 있는 상황에 대비해야 합니다.

경영진이 문서를 다 읽지 않을 상황이 자주 발생합니다.
그들의 눈은 쉼 없이 달리고, 인식은 날아다니기 때문입니다.
가장 중요한 것을 먼저 보도록 하는 것이 현명합니다.
아래의 그림을 보십시오.

중요한 것 먼저 쓰기(임팩트 사이즈)

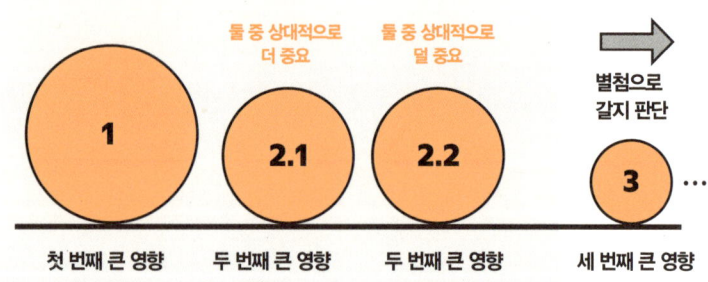

'중요한 것 먼저 쓰기'에서

첫 번째로 중요한 기준은 '임팩트 사이즈 Impact Size'입니다.

우리말로는 '영향력, 파급력'입니다.

임팩트 사이즈가 크다는 것은

문제 해결, 실행 효과, 자원 투입 등에서 파급 효과가 크다는 것을 말합니다.

'당면문제나 과제에 얼마나 영향을 미치는가?'를

기준으로 생각했을 때

가장 중요한 영향을 미치는 내용을 먼저 쓰고

그 다음 중요한 내용의 순서대로 쓰는 것이 좋습니다.

두 번째로 중요한 요소가 동시에 존재한다면

상대적인 영향력을 구분하여 순서를 정합니다.

더불어 파급력이 큰 만큼 더 디테일한 표현으로

분량의 욕심을 내도 좋습니다.

눈에 보이는 양만큼 중요하다는 것을 강조합니다.

임팩트 사이즈 순으로 나열하는 문장의 예를 들면 다음과 같습니다.

○○프로젝트의 성공요소는 다음 3가지로 집약됨

1) CEO의 지속적 관심(효율적 자원투입, 본부 간 협업 지시, 빠른 의사결정, 솔선수범 등)

2) 고객/현장의 적극적 참여(생생한 현장의견 적시 제공과 피드백)

3) 실무자의 전문성(○○프로세스 전문가 투입)

전직원서베이결과 ○○보상제도의 불만원인은

1) 성과와 인센티브간괴리(42%), 2) 평가제도의 비공정(35%), 3) 지급액의 미미함(25%)임

※ 기타 세부사항은 별첨참조

'중요한 것 먼저 쓰기'에서

두 번째로 중요한 기준은 '커버리지 Coverage'입니다.

이는 '얼마나 더 큰 범위를 담고 있는가'에 해당합니다.

거시적인 내용이 먼저 등장하고, 미시적인 내용이 나와야 합니다.
또한 전체 구조에서 큰 단위 순으로 나와야 합니다.
시기 역시 장기에서 단기로 전개되어야 합니다.
이렇게 크고 높고 강한 것부터
점차 작고 낮고 약한 것으로 내려가면서 표현하는 것을
'점강법漸降法, anticlimax'이라고 합니다.

큰 것부터 먼저 쓰기(커버리지)

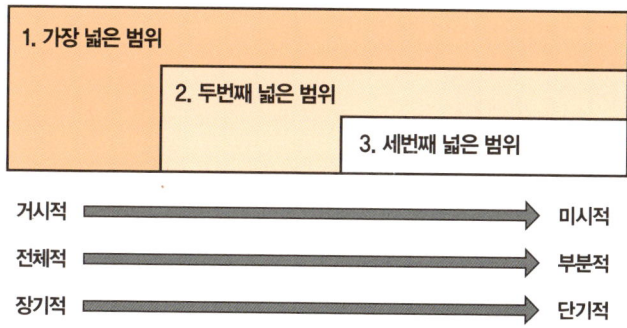

점강법을 적용하여 나열하는 문장의 예를 들면 아래와 같습니다.

- ○○품질관리방안 지침은 본부별 사업전략, 공장별 적용기술, 생산설비별 공정을 종합고려하여 작성할 예정임.
- 해외주재원 육성체계 수립을 위해 글로벌 본부, 아시아 본사, 중국법인의 의견을 수렴함.
- FP 대상 영업스킬 강화교육은 총 3개월이 소요될 예정이며 서울경기권~3월, 충청권 ~4월, 충청이남권~6월의 순서로 계획 중임.
- 2023년까지 총 15억의 예산이 투입될 예정임(~1분기 8억 / ~2분기 3억 / ~4분기 4억).

원페이지 문장 작성 요령

원페이지에서 문장은 무조건 짧아야 합니다.

말 그대로 '단단익선短短益善'입니다.

짧으면 짧을수록 좋습니다.

문장은 왜 짧아야 할까요?

문장이 짧아야 잘 읽히기 때문입니다.

잘 읽힌다는 말은 눈에 잘 보이는 것을 넘어

내용 전달이 잘 된다는 말입니다.

문장이 길어질수록 집중력은 떨어지고 맥락은 흐려집니다.

긴 문장을 하나 보는 것보다

짧은 문장 몇 개로 나누어 보는 것이 훨씬 이해하기 쉽습니다.

짧은 문장을 보는 과정에서 리듬감이 생깁니다.

한눈에 한 문장씩 보이는 상황에서
메시지가 위아래로 맞아 떨어지는 느낌을 갖게 됩니다.
메시지를 바로바로 이해할 수 있는 문장은 읽는 사람에게 경쾌함을 선사합니다.

긴 문장일수록 행간이 의미를 갖게 됩니다.
여러 메시지를 품은 문장 속에서
메시지들은 서로 얽혀 싸우게 됩니다.
그러면서 중요한 메시지가 행간의 의미에 묻힐 수도 있습니다.

빨리 읽어야 하는 원페이지에서 행간의 의미는 부정적입니다.
행간의 의미는 해석의 여지가 있다는 것을 말합니다.
자칫 읽는 사람의 관점, 편견, 선입견 등이 작동해
핵심을 다르게 해석할 여지가 있다는 겁니다.
짧아야 오해가 줄어듭니다.

그러면 어떻게 해야 문장이 짧아질까요?
문장이 짧아지려면 딱 세 가지 규칙을 잘 지켜야 합니다.

첫째, 최대한 '한 문장에 하나의 메시지'를 고수합니다.

하나의 문장은 딱 하나의 뜻만 가지고 있어야 합니다.
두 개의 뜻이 있다면, 문장을 나눠 쓰는 것이 안전합니다.

둘째, 한 번만 꺾습니다.
어쩔 수 없이 메시지를 합쳐 써야 하는 하나의 문장도 있습니다.
이때는 작은 메시지 두 개로 한정합니다.
작은 메시지가 합쳐질 때마다 문장은 한 번씩 꺾이게 됩니다.
'문장이 꺾인다'는 것은 접속사 개념이 사용되는 것을 말합니다.

문장 하나에는 접속사가 없는 것이 좋지만

한 번 꺾인 문장

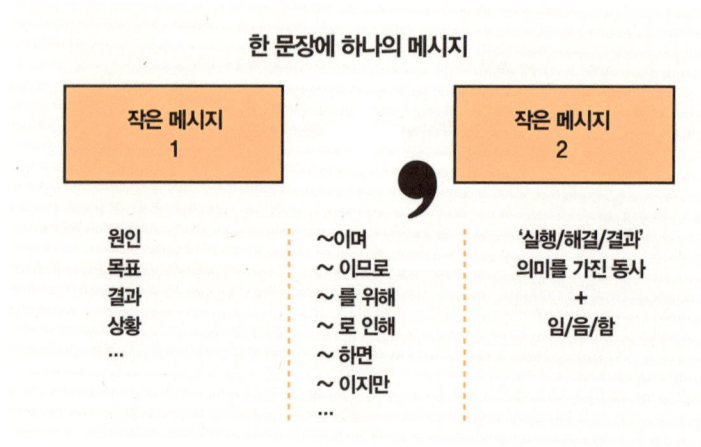

접속사가 있더라도 한 번의 연결만 있어야 합니다.
정리한 표는 문장이 한번 꺾이는 상황을 보여줍니다.
한 번만 꺾인 문장의 샘플을 몇 가지 보겠습니다.

'행사의 이익률은 총 10%이며, 성공 요인은 OO상품의 확대에 있음.'
'실험결과확인시간 단축을 위해, 연구소 OO시설을 5년 내 개편함.'
'A, B의 기준을 조건으로 모집했으며, 최종 OO명이 신청함.'
'유럽 시장 만두 판매량 5억 상승을 위해 아래 3가지 판매전략을 설정함.'

여러 번 꺾인 문장의 샘플도 보십시오.
매우 나쁜 문장인데, 읽기도 어렵고 이해는 더 어렵습니다.

'행사 전체기간 동안 약 3.5억의 매출이 발생했으며, 이익률은 총 10%이고, 상품별 판매량 분석 결과를 보면 OO상품의 공격적 세일추진의 역할이 컸음.'
'A, B를 지정하여 지원자를 모집하였으며, 총 1개월간 채용공고 기간을 운영하여 최종 OO명의 인원이 신청하였으며 향후 면접을 통해 적격자를 선발할 예정임.'

여러 번 꺾이는 문장은 헤드라인에는 허락됩니다.
헤드라인은 'Why-What-How'의 포괄 메시지기 때문입니다.

꺾이지 않은 문장, 한번 이내로 꺾인 문장이 좋다는 것은
원페이지 본문에만 해당됩니다.

셋째, 의미가 중복되는 단어를 삭제해야 합니다.
문장이 길어지는 주원인은 메시지를 많이 쓰는 것에 있지만
쓸데없는, 의미 없는 단어를 쓰기 때문이기도 합니다.

중언부언重言復言 단어를 사용하는 행위를
전문용어로 '리던댄시Redundancy(중첩성/가외성)'라고 합니다.
동일한 의미의 단어를 중복 사용하면
문장이 길어질 수밖에 없습니다.

중복을 피하고, 의미 없는 단어를 정돈한 사례를 봅시다.

"추후 5월 말까지 매출판매증대전략 수립을 진행할 예정임."

▶ '추후'와 '예정'은 의미가 중복됩니다.

▶ '매출'과 '판매'는 의미가 중복됩니다.

▶ '수립'과 '진행'은 의미가 중복됩니다.

▶ '5월 말'과 '예정'은 의미가 중복됩니다.

→ "5월 말까지 매출증대전략을 수립함."

"영업 인센티브의 도입을 통해 모든 임직원의 체계적인 금전적 동기부여 프로세스를 제공함."

▶ '모든'은 의미 없는 형용사입니다.
▶ '체계적인'은 '프로세스'의 대전제입니다.
▶ '도입'과 '마련'은 의미가 중복됩니다.
▶ '임직원'은 제도의 기본 대전제입니다.

→ "영업 인센티브를 통해 금전적 동기부여 프로세스를 마련함."

문장을 짧게 쓸 때 유의할 점이 있습니다.
짧게 쓰려는 욕심에 문장 요소를 함부로 빼면 위험합니다.
대다수의 실무자가 하는 실수가
문장을 짧게 쓰면서 조사를 모조리 빼는 것입니다.

조사는 문장의 윤활유 역할을 합니다.
사람의 몸으로 따지면 뼈를 연결해주는 '관절' 같은 겁니다.

문장을 작성할 때 최소한의 조사를 유지해야 문장의 역할을 하게 되며

또 적절한 조사가 있어야 읽기 편합니다.

두 가지 예를 들어서 왜 적절한 조사가 필요한지 증명하겠습니다.

조사의 적절한 활용

	Before	Afer
1	평가, 개선 동시 진행	평가**와** 개선을 동시**에** 진행함
2	정부고용 지속안정 유지, 리더여성 증가	정부고용**은** 지속 안정을 유지**하고 있으며**, 리더 여성 **비율은** 증가**했음**

1번의 문장 "평가, 개선 동시 진행" 보다는
"평가와 개선을 동시에 진행함"이 더 좋은 문장입니다.

조사를 너무 삭제하면 문장의 역할을 제대로 못 하고
읽기에 뻑뻑한 느낌입니다.
읽기에 뻑뻑하다는 것은 두 번 이상 읽어야만 뜻을 알아본다는 것
이니 원페이지의 취지에 상반됩니다.

2번 "정부고용 지속안정 유지, 리더여성 증가"보다는
"정부고용은 지속 안정을 유지했으며, 리더여성비율을 증가했음"

이 더 좋은 문장입니다.
불필요한 조사들은 당연히 좋지 않습니다만
과도하게 삭제된 조사로 인해 문장의 흐름과 인지에
문제를 일으키는 것도 좋지 않습니다.
조사가 없는 문장은 단어와 단어를 억지로 이어 붙인 상태가 되어
버립니다.

우리가 원페이지 위에 뿌려진 단어들은 문장이 아닙니다.
꼭 필요한 단어가 서로 정확하게 연결되어 문장이 되도록 하려면
필수 조사는 남겨야 합니다.

* * *

원페이지의 문장은 짧아야 하되,
사용하는 단어는 최대한 구체적이어야 합니다.
구체적이라는 것은 손에 잡힌다는 것 Tangible 이고
손에 잡힌다는 것은 정확한 단어를 활용하는 겁니다.

다음 페이지에 있는 그림 사례처럼
맨 위에 있는 '사람'이라는 단어는 외연이 너무 넓습니다.

최대한 구체적이고 한정할 수 있는 단어를 활용해야 합니다.

'(노래 잘하는)사람' 중에서도 '남성 가수'
'남성 가수' 중에서도 '보이 그룹'
'보이 그룹' 중에서도 'BTS'라는
고유명사까지 들어가야 구체적인 겁니다.

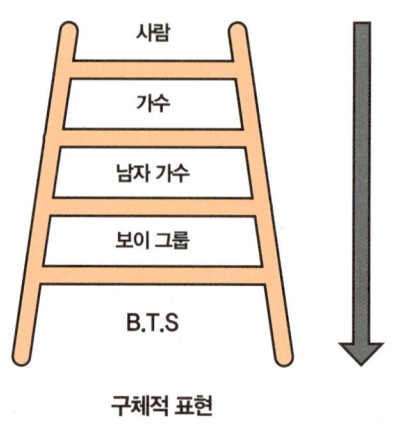

더구나 원페이지의 짧은 문장이라면
하나의 단어를 활용하더라도 최대한 현실적이고
사실적 묘사가 가능한 단어를 선정해야 합니다.

좋은 문장이 품고 있는 메시지는 세 가지가 명확합니다.
바로 '주어', '목적어', '서술어'입니다.
세 요소가 문장에 존재해야 메시지가 구체적으로 전달됩니다.

우리의 일반 문서를 보면 주어나 목적어가 생략된 경우가 많습니다.
시나 소설에서 사용되는 문장은 주어나 목적어를
일부러 빼 독자의 상상력을 극대화하기도 합니다.

하지만 비즈니스 문장에서는 의미의 생략은 위험합니다.
책임 소재가 불분명해지거나, 타깃이 흐려지기 때문입니다.
그러므로 **문장의 기본 구조**는 가급적 유지해야 합니다.

"누가 무엇을 어떻게 했다."
"무엇이 어떠한 수준으로 어떻게 되었다."
이 문구가 항상 메시지에 투영되도록 신경 써야 합니다.

그래야 뜻이 더욱 명확해지고 문장의 전달력이 뚜렷해집니다.

아래의 샘플은 구체적이지 못한 문장들입니다.
정확하게 수치를 기재하고, 수준을 명시해야 좋은 문장입니다.
어떤 수준인지, 정확한 조건과 원인은 무엇인지,
언제이고 어디인지가 명확하다면 문장에 드러나는 것이 좋습니다.
단 과하지 않도록 조절하면서 말입니다.

구체적이지 못한 표현(문장)

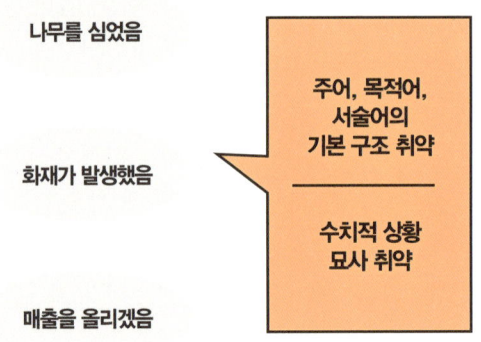

교정된 문장의 사례를 보시지요.

주어, 목적, 서술어를 최대한 살렸고, 중요 수치를 넣었습니다.

문장이 약간 길어졌지만, 메시지 전달이 훨씬 정확해졌습니다.

구체적인 좋은 표현(문장)

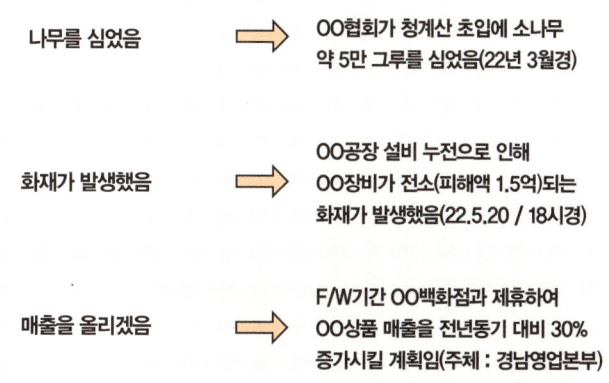

무조건 짧다고 좋은 문장이 아닙니다.

한 번에 읽었을 때 내용을 간파할 수 있는 문장이 더 좋은 것입니다.

우리가 쓰는 원페이지는 짧게 쓰는 것이 목적이 아니고

빠르게 내용을 전달하는 것이 목적임을 잊지 말아야 합니다.

***

좋은 문서는 내용이 말하듯이 흘러갑니다.
단락 측면에서 말하듯이 흐른다는 것은 내러티브가 있다는 겁니다.
앞뒤 맥락이 맞을 때 내러티브가 있는 것이고,
스토리가 순탄하게 흘러가는 느낌을 줍니다.
문장 측면에서 말하듯이 흐른다는 것은
'단어의 전후배열'이 깔끔하다는 것을 의미합니다.
문장을 구사할 때도 단어를 막 쓰는 것이 아닙니다.
단어끼리도 흐름이라는 것이 있습니다.

각 단어가 품고 있는 메시지가 서로 연관이 있을수록
서로 인접하게 배치하는 것이 좋습니다.
서로 연관이 있다는 것은
조건, 상황, 상황이라는 전제로 묶여 있음을 의미합니다.

좋은 흐름대로 순서가 교정된 문장의 예를 들어보겠습니다.

적절한 단어 배치(조건, 일정, 상황은 관련동사와 인접시킴)

Before	Afer
① **3년간** ABC컨설팅과 협업을 하며 전략위원회를 **운영했음**	ABC컨설팅과 협업을 하며 전략위원회를 **3년간 운영했음**
② **In&Out 기준에 따라** 반기별 영업실적 집계 후 시행 여부를 **결정함**	반기별 영업실적 집계 후 **In&Out 기준에 따라** 시행 여부를 **최종결정함**
③ **4월 15일(금)까지** 공지사항을 확인하고 참가희망자 명단을 작성하여 **회신함**	공지사항을 확인하고 참가희망자 명단을 작성하여 **4월 15일(금)까지 회신함**

1번의 Before 문장에서

'운영함'을 직접 꾸며주는 단어는 '3년간'입니다.

다른 단어로 인해 떨어져 있는 것보다 '3년간 운영했음'으로 표현하는 것이 더 이해가 빠르고 말하듯이 흐릅니다.

Before의 문장에서는

'3년간 ABC컨설팅과 협업'했다는 의미로 변질됩니다.

원래 취지인 전략위원회를 3년간 운영했다는 것과 달라집니다.

2번의 Before 문장에서

'결정함'을 직접 꾸며주는 단어는 'In&Out 기준에 따라'입니다.
결정을 하긴 하는데 'In&Out 기준에 따라' 결정하기 때문에
두 개의 단어는 서로 인접하는 것이 더 매끄럽습니다.

Before의 문장에서는
'In&Out 기준'이 꾸며주는 것은 영업실적 집계가 되어
원래 의도가 왜곡될 수도 있습니다.

3번의 Before 문장에서
명단을 회신하는 행위는 하는 '기한'과 서로 붙어 있어야
뜻이 더 명확해집니다.

Before의 문장 구조는 '기한 / 확인사항 / 작성내용 / 회신'의
순서입니다.
"~까지 ~~을 확인하여 ~~을 작성하고 나서 회신하라"는 말입니다.
이렇게 되면 '~까지'는 '회신행위의 기한'이 아닌
'확인행위의 기한'이 됩니다.
흡사 "공지사항은 시스템에 4월 15일까지만 조회할 수 있다"는
뜻으로 변질됩니다.

따라서 3번의 Before 문장은
'확인사항 / 작성내용 / 기한 / 회신'의 순서로 있을 때
'~까지'는 회신행위의 기한이 되어 정확히 의미가 전달됩니다.

핵심 단어, 위계, 관계 강조하기

경영진은 스키밍 Skimming 방식으로 문서를 봅니다.
즉 훑어 읽는다는 말입니다.
한 글자 한 글자 꼼꼼히 짚어가며 읽는 사람은 없습니다.
심지어 문서 작성자도 상황은 다르지 않습니다.

경영진이 원페이지 문서를 볼 때 스키밍하는 것은
내 문서를 우습게 본다거나 귀찮아서가 아닙니다.
경영진은 '전체 맥락이 이해되면 결재하겠다'라는 마음으로
문서를 검토합니다.

**디테일은 실무자를 믿으니 가볍게만 보고
중요한 사항, 전체적인 그림만 이해되면 결재를 하겠다는 마음이
스키밍의 본질입니다.**

실무자로서는 어찌 보면 고마운 겁니다.
나를 믿고 거시적인 사항만 보겠다는 거니까요.
그러니 경영진이 스키밍을 더 잘할 수 있도록 도와야겠지요?

경영진이 스키밍을 수월하게 하려면
문서의 문장도 짧아야 하지만
무엇보다 중요 포인트가 강조되어야 합니다.

원페이지 내용 중에 다른 항목보다 중요한 항목이 분명 있습니다.
의사결정의 핵심이거나, 문제상황의 본질이거나
실행계획의 중추적인 항목들 말입니다.
중요한 항목은 일반적인 항목에 가려져 있으면 안 됩니다.
문서의 내용은 평등하지 않습니다.
중요한 것들을 과감하게 표현해야 합니다.
강조점을 표현하는 것을 '쓱' 보더라도 '팍' 확인할 수 있어야 합니다.

이를 전문용어로 소구점訴求點, Appealing Point 이라 합니다.
이머전시 피처 Emergency Feature, 하이라이팅 Highlighting 이라고도 합니다.
'급하더라도 이것만큼은 꼭 보라!'는 시그널을 주는 겁니다.

원페이지에는 문장이 많으므로
문장에서 소구점을 표현하는 방식은 결국 '중요 단어 강조'입니다.
핵심 단어를 선별하여 눈에 띄게 강조하는 것인데
다음의 샘플을 보면 이해가 빠릅니다.

중요한 단어 강조(소구점)

1. 대기업 화학회사와 연계하여 자원순환 기업을 설립한 후 향후 3년간 전문환경개선 활동을 실시함.

2. 대기업 **화학회사와 연계하여** 자원순환 기업을 설립한 후 **향후 3년간 전문환경개선 활동**을 실시함.

3. 대기업 **화학회사와 연계하여** 자원순환 기업을 설립한 후 향후 **3년간 전문환경개선 활동**을 실시함.

4. **대기업 화학회사와 연계**하여 자원순환 기업을 설립한 후 향후 **3년간 전문환경개선 활동**을 실시함.

5. **대기업 화학회사와 연계**하여 자원순환 기업을 설립한 후 향후 **3년간 전문환경개선 활동**을 실시함.

1번은 아무런 강조가 없는 상황입니다.

2번은 중요한 단어를 두툼하게 볼드 처리했습니다.

3번은 추가로 '**밑줄**'을 그었습니다.

(2번에 비해서 더 중요한 단어가 부각됩니다.)

4번은 중요한 단어에 **다른 서체**를 적용했습니다.

(만약 서체를 달리 적용하여 강조하려면 'HY견고딕'이 좋습니다.)

5번은 중요 단어를 아주 극단적으로 강조한 상황입니다.

일반 문서보다는 프레젠테이션용 슬라이드에 적합합니다.

이렇듯 중요한 단어에 소구점을 두면
문장을 읽어나가는 속도는 현저히 빨라질 수 있습니다.
더구나 읽는 속도가 빨라질 때 생기는 부작용인
'맥락 이해도가 낮아지는 현상'도 훨씬 덜해집니다.

＊＊＊

모든 메시지 간에는 위계와 관계가 있습니다.

위계位階, Hierarchy란 '무엇이 무엇보다 상단의 것인지'를

나타내는 것으로 '누가 더 대장인가'를 보여줍니다.

'관계關係, Relationship'는 '무엇과 무엇이 더 밀접한 것인지'를

나타는 것으로 '누구랑 친한가'를 보여줍니다.

원페이지 문서에 기술되는 모든 메시지는
위계가 다르고, 관계 또한 다릅니다.
경영진이 위계와 관계를 확실하게 파악하도록 도움을 주어야 합니다.

문서의 위계 표현

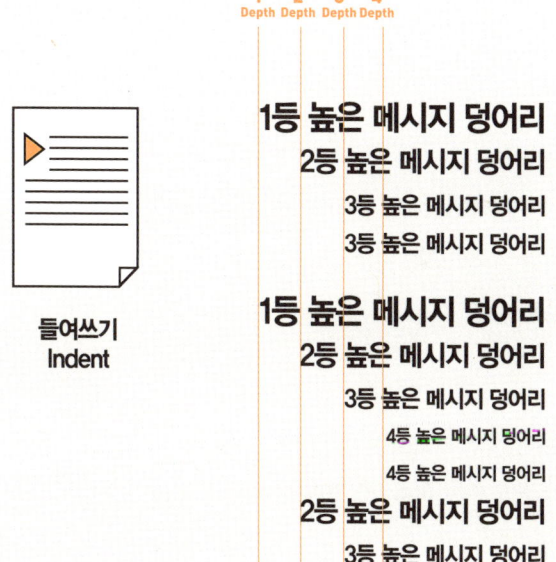

메시지의 '위계'는 '들여쓰기'로 표현합니다.
들여쓰기는 영어로 '인덴트Indent'인데,
아래의 그림처럼 글을 안In 쪽으로
움푹 들어가게Dent 하는 경우를 나타나는 말입니다.

들여쓰기는 높은 위계 메시지일수록 왼쪽에 배치되고
낮은 위계 메시지일수록 오른쪽으로 들어가는 방식입니다.
메시지의 계급을 구분하여 배치하는 것이
들여쓰기의 표현 철학입니다.

**들여쓰기를 하면 상위목차가 어떤 하위내용을
품는지 지정할 수 있습니다.**
그러니까 '여기부터 여기까지는 누구의 관할이다'라고
쉽게 말해주는 겁니다.

들여쓰기는 보통 3 뎁스 Depth 까지만 들어가는 것이 좋습니다.
4 뎁스 이상으로 파고 들어가면 원페이지 내용이 너무 자잘해집니다.

문서의 위계 표현(예시)

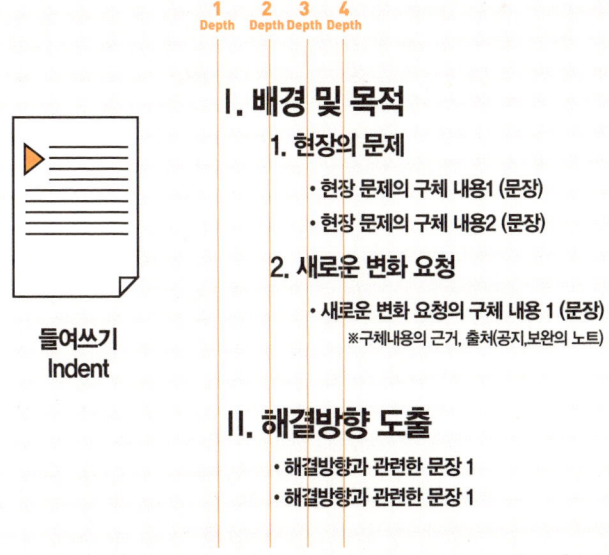

위의 그림처럼

보통은 1 뎁스에 큰 목차, 2 뎁스에 단락 목차들이 기록되고 대부분의 문장은 3 뎁스에 배치됩니다.

(간혹, 2 뎁스를 문장으로 쓰는 경우도 있습니다.)

4 뎁스에 기록되는 것은 보통 문장이 아닌 각주입니다.

상위 서열에 있는 문장 메시지나 특정 단어를 보강하는
단순참고의 위계이며, 없어도 되는 수준의 중요도입니다.

4 뎁스의 각주 예를 들면
'※ 세부사항 별첨 2 세부경비내역 참조'
'※ 2022년 회장신년사 언급사항'
'※ 2022년 OECD 발표자료 중 OO무역 부문' 등의
세부 근기를 보여주는 정도이며, 아주 작은 글씨로 표기됩니다.

* * *

메시지의 '관계'는 '줄 간격 조정Clustering, Paragraph Spacing'을
사용해 효과적으로 나타낼 수 있습니다.
줄 간격 조정은 **각 메시지들이 얼마나 친밀한가를 보여줍니다.**

'무엇과 무엇이 한 식구이니 같은 덩어리로 봐야 하고
무엇과 무엇은 다른 식구이니 따로 뜯어서 봐야 합니다.'
이런 식으로 관계의 시그널을 주는 것입니다.
말 그대로 '유유상종'을 물리적으로 만들어주는 겁니다.
사실 줄 간격 조정이 가장 미세하고 귀찮은 작업입니다.

하지만 꼭 조정하기를 권장합니다.

줄 간격 조정을 반영한 편집 상태와 그렇지 않은 상태는

문서의 가독성에 있어 상당한 차이를 보입니다.

문서의 관계 표현

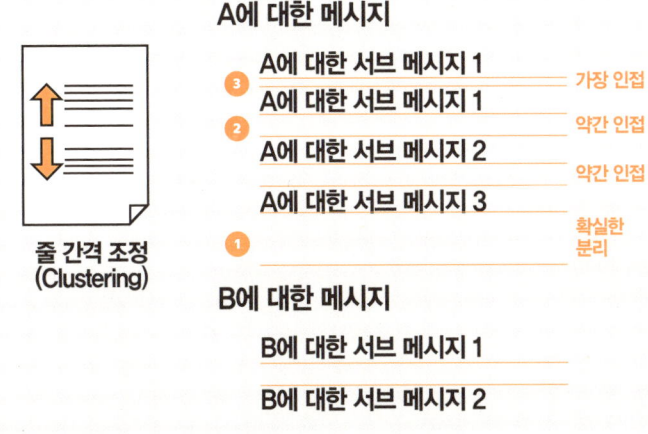

위아래 줄 간격 조정을 진행할 때는

천편일률적으로 위아래를 띄우는 것이 아니라

메시지의 친밀도에 따라 간격을 달리해주는 것이 중요합니다.

〈문서의 관계 표현〉의 1번 간격처럼
단락이 다르다면, 즉 큰 목차끼리는 간격을 여유 있게 줍니다.
예를 들어, '배경 및 목적'과 '해결방향 도출'의 덩어리는
서로 많이 떨어져 있어야 합니다.

2번 간격처럼 같은 단락 내의 문장끼리는
적절한 위아래 간격을 유지하면서 떨어져 있어야 합니다.

마지막 3번 간격처럼 한 문장이 길어져 줄 바꿈으로
두 줄이 될 때는 위아래 간격을 가장 좁은 상태로 조정하여
친밀도를 표현합니다.

그래프, 표, 도형은 꼭 필요할 때만

원페이지는 면적을 최대한 아껴서 써야 합니다.

보통은 문장을 주축으로 메시지를 표현합니다.
하지만 문장만으로는 메시지 표현이 아쉬울 때가 있습니다.

문장을 중심으로 그래프, 표, 도형을 적절히 가미하면
효과적으로 메시지를 전달할 수 있습니다.
메시지 전달력이 강한 순위를 정렬해본다면
1등은 문장, 2등은 표, 3등은 그래프, 4등이 도형입니다.

아래 그림처럼 **문장은 구체적이라는 장점을 가진 반면**
포괄적 메시지, 동시(同時)적 메시지,
상호 역동관계를 표현하기에는 역부족입니다.

유형별 메시지 전달력

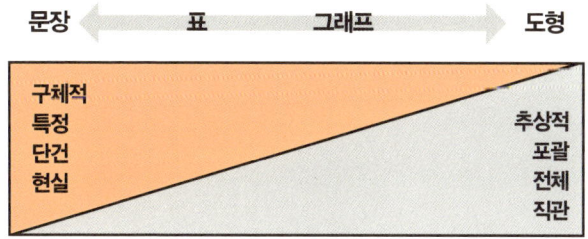

문장의 취약점을 보충할 필요가 있을 때
그래프, 표, 도형을 활용합니다.

하지만 정말 중요한 내용을 강하게 표현할 때만
그래프, 표, 도형을 써야 합니다.
우리가 일반적으로 사용하는 그래프, 표, 도형을 보면
뻔한 치장일 때가 은근히 많습니다.

'이 그래프, 표, 도형은 꼭 필요한가?'
'문장으로 충분히 대체 가능한 것은 아닌가?'
늘 생각해야 합니다.
일반 문서에 비해 원페이지에 활용되는 그래프, 표, 도형은
더더욱 보기 편하고 직관적이어야 합니다.

* * *

그래프는 수치를 한눈에 정리하여 제시하는 표현입니다.
일명 '수치 마사지$^{Data\ Massage}$'를 한 결과물입니다.
작성하기 어려운 그래프는 아예 활용하지 않는다는
철칙을 지켜야 합니다.

작성자조차 그리기 어려운 그래프를
경영진이 알아보기는 열 배 더 어려운 법입니다.
쉬운 그래프, 평이한 그래프 패턴을 사용하기 바랍니다.

보통 '비중'을 나타낼 때는 '원 그래프 Pie Chart'
'시간의 흐름 속 변화'를 나타낼 때는 '선 그래프 Line Chart'
'항목의 차이 Ranking', '추이'를 나타낼 때는
'가로/세로 막대 그래프 Bar Chart'를 활용합니다.

그래프의 모양을 정할 때는 아무거나 쓰는 것이 아니라
메시지에 적합한 그래프를 선택하는 것이 중요합니다.
그래프로 중요 포인트를 더욱 강조하여 표현할 수 있습니다.
샘플 사례를 보십시오.

대표적 그래프와 강조점

	막대 그래프	선 그래프	원형 그래프
① 일반적 표현			
② 특정 항목 강조하기			
③ 기준선 추가하기			
④ 라벨 달기	XX%	XX%	XX%

1번은 아주 평이한 그래프입니다.

이 그래프는 수치를 정돈해 보여줍니다.

100점 만점에서 50점 수준입니다.

중요한 항목이 있다면 더 과감하게 강조점을 부각해야 합니다.

2번은 '특정 항목'을 꼭 찍어 강조한 그래프입니다.

항목을 지정해 강조할 때는 색조를 활용하는 것이 제일 좋습니다.
강조점을 부여하는 것을 소구점이라고 합니다.
하나의 그래프에서는 한 개 요소만 선정하여 강조합니다.

3번은 '기준선(참조선)'을 추가하는 표현입니다.
예를 들면 'OECD 기준', '전년의 수준', '전체 평균 수준'을
참조선으로 제시하는 겁니다.
참조선이 있으면 상황을 비교, 판단하기 용이합니다.
또는 특정 구간을 지정하여 주목성을 높이는 방법도 있습니다.

4번은 특정 항목에만 수치를 강하게 부각하는 표현입니다.
일명 '라벨 달기'라고 하는데, 추가 설명을 붙이는 겁니다.
가장 중요한 항목과 수치가 얼마인지 확연히 드러내어
보여주는 방식은 더 강렬하게 상황을 이해하게 합니다.

＊ ＊ ＊

표는 '테이블', '박스Box'라고도 부르며
다양한 항목을 한눈에 정돈하기에 아주 좋은 방식입니다.
'문장'이 위에서 아래로 쓰이는 나열형 메시지 표현이라면

'표'는 좌우로 배치되는 배열형 메시지 표현입니다.

표는 메시지를 전시Exhibition 하는 행위에 가깝습니다.
표는 한눈에 볼 수 있는 최고의 장점이 있어
문장보다 훨씬 빠르게 내용을 파악할 수 있습니다.
'일반적인 표'는 항목별로 내용을 정리할 때 사용합니다.

일반적인 표(항목 정돈형)

강렬한 축 표현

1 Text	Text			Text	Text
	Text	Text	Text		
Text	Text	Text	Text	Text	Text	2 양쪽은 틔우기

3 일반 세로선은 얇고 흐리게 처리

4 ※ Text
중요하지 않은 것은 각주 처리

1번 영역을 보십시오.

표를 표시할 때 축은 강렬하게 사용합니다.

축이 올곧이 서 있어야 칸의 의미가 더 정확하게 살아납니다.
축에 짙은 색상을 넣거나 굵은 선으로 처리하면
더 확연히 항목을 구분할 수 있습니다.

2번 영역을 보십시오.

양쪽 옆구리에 해당하는 선을 없애도 좋습니다.

양쪽이 두꺼운 세로선으로 막혀 있는 것보다
시원하게 옆이 열려 있는 것이 보기 편합니다.

3번 영역을 보십시오.

중간 세로선을 흐리고 얇게 처리했습니다.

짙은 세로선은 시선 이동에 간섭 효과를 줍니다.
칸의 구분을 없앨 수는 없으니 얇고 흐린 회색톤으로
중간 세로선으로 바꾸어 구분만 해주면 좋습니다.

4번 영역을 보십시오.

덜 중요한 내용은 각주로 별도 표기합니다.

표 안에는 많은 내용, 많은 글자를 담지 마십시오.
더 복잡해지고 보기 어렵습니다.
밑에 쓰인 한 두 개의 각주도 표의 일부입니다.

또 다른 표를 보겠습니다. '수치 나열형' 표는
그래프를 쓰기에는 항목의 개수, 수치의 분량이 적을 때나
전체적인 수치보다는 특정 항목의 수치를 부각하고 싶을 때 씁니다.

일반적인 표(수치 나열형)

전

Name	Data 1	Data 2	Data 3	Data 4	Data 5
A회사	0.0	0.0	0.0	0.0	0.0
B회사	0.0	0.0	0.0	0.0	0.0
C회사	0.0	0.0	0.0	0.0	0.0
D회사	0.0	0.0	0.0	0.0	0.0
F회사	0.0	0.0	0.0	0.0	0.0

후

Name	Data 1	Data 2	Data 3	Data 4	Data 5
A회사	0.0	0.0	0.0	0.0	0.0
B회사	0.0	0.0	*0.0*	0.0	0.0
C회사	0.0	0.0	0.0	0.0	0.0
D회사	0.0	0.0	0.0	*0.0*	0.0
F회사	0.0	0.0	0.0	0.0	0.0

'전' 표에는 여러 가지 아쉬운 점이 있습니다.
일단 축이 강조되지 못했습니다.
가로축과 세로축이 강조되지 못해 존재감이 없으니
각 칸의 수치가 어떤 의미인지 드러나지 않습니다.

축이 강조되지 못한 표는 단조로운 느낌을 줍니다.
또한 어떤 수치가 제일 중요한지 알아보기 어렵습니다.
모든 칸을 일일이 들여다봐야 하는 상황입니다.
원페이지에 들어가서는 안 되는 최악의 표입니다.

개선된 '후' 표를 보십시오.
다른 색상, 다른 서체, 짙고 큰 글자, 정확한 구분선으로
가로축과 세로축이 강조되었습니다.
축이 살아야 칸의 수치에 의미가 부여됩니다.
즉 '좌표^{coordinate}' 개념이 생기는 겁니다.

* * *

마지막으로 '도형'을 활용하는 방식을 소개합니다.
도형은 상대적으로 면적을 많이 차지하기 때문에

원페이지에서 도형을 활용할 때는 더욱 신중해야 합니다.
도형을 활용하지 않으면 메시지 전달이 어려울 때만 쓰기 바랍니다.

원페이지에 활용되는 도형은
메시지의 '흐름/전개', '연결/상호관계', '구성요소' 등을
좀 더 확실하게 표현하고자 할 때 사용됩니다.

도형 활용 시에 유의할 사항을 소개합니다.

첫째, 도형은 매우 단순해야 합니다.
도형의 구성요소는 다섯 개를 넘어가지 않는 것이 좋습니다.
5개 이상의 도형이 모이면 복잡해져 직관성이 떨어집니다.

도형이 2개만 필요하다면, 굳이 도형을 쓸 필요가 없습니다.
차라리 몇 줄의 문장으로 대체함이 옳습니다.
문서당 3~5개 도형을 사용하는 것이 좋겠습니다.

두 번째, 도형에도 색상이나 강조선을 넣어 중요 포인트를 강조합니다.
도형을 있는 그대로 쓰면 나열과 다름없습니다.

중요한 항목은 강조하여 경영진의 시선을 끌고,
부연설명을 해주는 것도 좋은 방법입니다.

색상은 옅은 색부터 시작하여 단계별로 점점 짙게 처리하여
시선의 흐름이나 인식의 방향을 유도합니다.

일반적인 도형

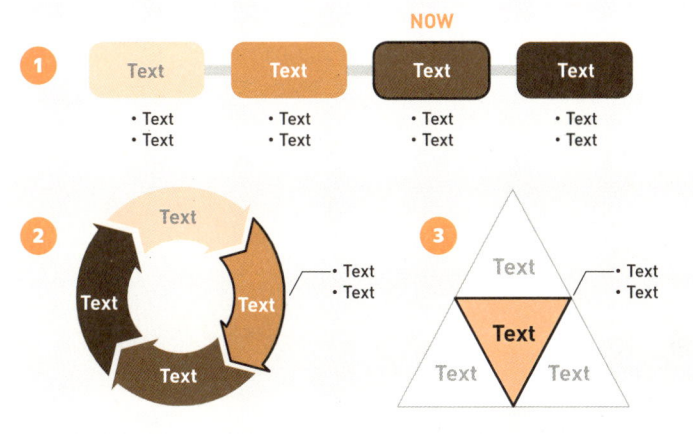

일반적인 도형표를 자세히 살펴봅시다.

1번은 '시간의 흐름'과 '단계별 전개'를 보여주는 전형적인 도형입니다.

단계별 진행 상황을 구분하기 위해 바탕색을 순차적으로 짙게 하고
특정단계에 'Now'로 표기하여
'전체 단계 중에 지금 이 위치에 있다'는 것을 강조했습니다.

2번 도형은 '연결/순환 흐름'을 보여줍니다.
네 단계가 순환하면서 서로 연결성이 높다는 느낌을 줍니다.
또한 특정항목을 지정하여 부연설명을 넣었습니다.

3번 도형은 '요소'를 나타냅니다.
중심의 핵심 요소로 세 개 요소가 영향을 받는다는 표현입니다.
핵심 요소는 추가로 지목한 후 부연설명을 넣었습니다.

이 외에도 다양한 도형이 있습니다만, 특이하거나
복잡하지 않은 도형 위주로 최대한 단순하게 사용합니다.
단순해야 더 빨리 알아보기 때문입니다.

원페이지에서 그래프, 표, 도형은 단독으로 활용되지 않습니다.
그래프, 표, 도형은 '간접 메시지'일 뿐입니다.
즉 선언적 메시지가 아니고, 부연 메시지라는 겁니다.

그래프, 표, 도형과 문장의 상호연결

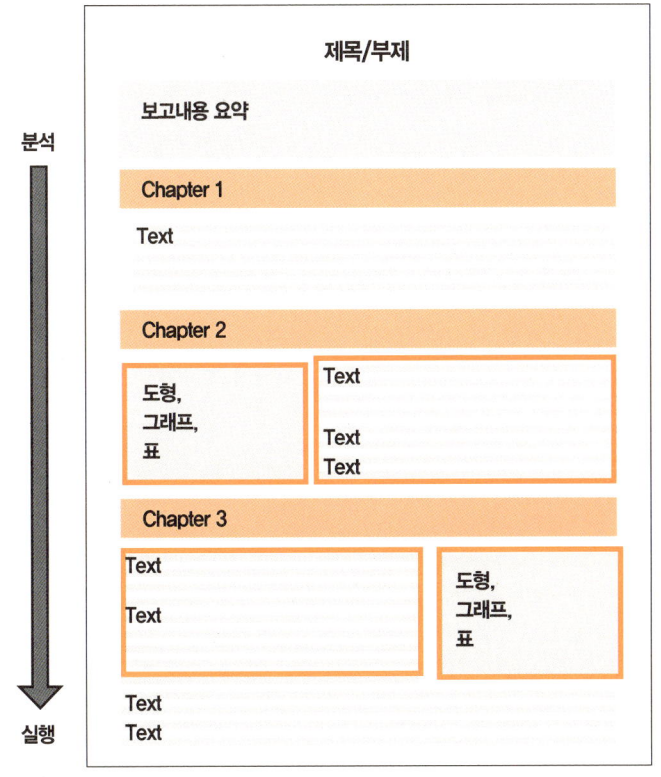

그래프, 표, 도형 옆에 구체적 설명이 동시에 제공될 때
그 의미와 구체성이 더욱 확실해집니다.

'개조식 서술형'과 '직시형 제목'

원페이지의 문장은 '개조식 서술형'이 가장 좋습니다.
'개조식'이란 문장을 쓸 때 번호나 기호를 붙여서
중요한 요점이나 단어를 나열하는 방식입니다.
'서술식'은 개조식의 반대말입니다.
전체 문장을 풀어서 모두 기술하는 방식이죠.

'개조식'은 조사와 부연설명을 잘라내고, 단어로만 기술하는 방식입니다.
정확히는 문장이 아닌 키워드 상태입니다.
단어로 기록하기 때문에 빠른 상황 파악과 속독이 가능합니다.
하지만 **과도한 축약으로 인해 깊이 이해하거나 심사숙고하기에는**
부적합합니다.

'서술식'은 완결형 문장으로 기술합니다.
접속사, 조사를 적극적으로 활용해 '말하듯이 쓰는' 기록입니다.

개조식과 서술식의 차이

개조식 (낱개 단어)	정의 (형태)	서술식(완벽한 문장)
구분 **항목별 키워드만** 제시 (항목 : 단어 혹은 어구)	정의 (형태)	**완결형 문장으로 기술** (주어+목적어+서술어 & 접속사+조사)
• 목적 : 비효율 프로세스 발굴/정비 • 진행 : 현업 의견 수렴/선정	사례	비효율적인 프로세스를 발굴하고 새롭게 정비하려 합니다. 이를 위해 현업의 의견을 수렴한 후 가장 좋은 의견을 선정합니다.
짧고 간략. 빠른 상황 파악 가능 개요 전달, 속독에 적합	장점	구체적인 상황 기술 경험담/서사문에 적합
과도한 축약 깊은 이해는 어려움 맥락 파악이 어려움	단점	뜻이 늘어짐 무조건 끝까지 읽어야 함 미사여구가 들어감

서술식은 구체적인 상황 묘사가 가능하다는 장점이 있지만
내용이 길고 무조건 끝까지 꼼꼼히 읽어야 하는 수고로움이 동반됩니다.
또한 문장이 길어지면서 미사여구가 생길 수도 있습니다.
'개조식'과 '서술식'은 둘 다 일장일단이 있습니다.
개조식의 장점은 서술식의 단점이고,
개조식의 단점은 서술식의 장점입니다.

그러므로 '개조식'과 '서술식'의 장점을 합쳐
문장을 쓰는 방법이 가장 합리적일 수 있습니다.

그것이 바로 '개조식 서술형'입니다.
개조식의 장점인 빠른 확인을 유도하는 '키워드 중심 표현',
서술식의 장점인 정확한 묘사를 유도하는 '적절한 조사/접속사의
활용'을 모두 취하는 것이 '개조식 서술형'의 본질입니다.

개조식, 서술식, 개조식 서술형이 어떻게 다른지
예를 들어보겠습니다.

그림의 1번은 '(단순)개조식'입니다.
제목과 키워드 위주로 표현된 상황이라서
개요는 빨리 확인할 수 있지만 구체적인 이해는 어렵습니다.

또한 단순해서 보기 편하지만, 메시지 전달력은 매우 떨어집니다.
이 정도로 줄인 것은 **'극단적 단순화', '과도한 생략'**입니다.
뼈가 드러날 정도로 마른 몸에 가깝습니다.

개조식, 서술식, 개조식 서술형

1 (단순)개조식

1. 제정배경
   - 배경 : 민족중흥 역사적 사명
   - 목표 : 내부적 자주독립, 외부적 인류 공영 필요
2. 핵심지시 사항
   - 개인차원 : 학문,기술 발전 / 소질 개발 / 개척정신 고취
   - 공동체 차원 : 공익,질서 / 상부상조 / 협동정신

2 서술식

우리는 민족중흥의 역사적 사명을 띠고 이 땅에 태어났다.
조상의 빛난 얼을 오늘에 되살려,
안으로 자주독립의 자세를 확립하고,
밖으로 인류 공영에 이바지할 때다.

이에, 우리의 나아갈 바를 밝혀 교육의 지표로 삼는다.
성실한 마음과 튼튼한 몸으로, 학문과 기술을 배우고 익히며,
타고난 저마다의 소질을 개발하고, 우리의 처지를 약진의 발판으로 삼아,
창조의 힘과 개척의 정신을 기른다.
공익과 질서를 앞세우며 능률과 실질을 숭상하고,
경애와 신의에 뿌리박은 상부상조의 전통을 이어받아,
명랑하고 따뜻한 협동 정신을 북돋운다. (이후 생략)

3 개조식 서술형

1. 국민교육헌장의 제정배경
   - 우리의 핵심사명은 OOOO년까지 민족중흥임 (근거 : 2015년 회장경영방침 중)
   - 이를 위해 조상의 빛난 얼을 재현하되
     내적으로는 OO부문의 자주독립 추구, 외적으로는 인류공영에 기여해야 함
2. 국민교육헌장의 핵심지시 사항
   1) 개인 차원 : 창조의 힘과 개척정신을 함양함
      - 성실한 마음, 건강한 몸으로 학문과 기술을 OO수준으로 익힘
      - 자신만의 적성을 OO를 통해 파악하고 꾸준히 개발함 (지표 : OOOO)
   2) 공동체 차원 : 상호 협동정신을 북돋움
      - 공익과 질서를 중시하되 궁극적으로는 OO영역의 능률과 실질을 추구함 (지표 : OOOO)
      - OO부문과 △△△부문의 상부상조 전통을 계승/발전함

그림의 2번은 '서술식'입니다.

보기 좋게 정리하지 않고, 문장 중심으로 기술한 거지요.

이는 일반적인 작문이나 저술 행위와 같습니다.

(아래의 메타버스를 주제로 한 서술식을 참고하세요.)

줄여진 것 없이 모든 글자가 살아 있는 것은

좋은 문서 표현이 아닙니다.

군살이 많아서 비대해 보이고, 복잡해지며, 보기 불편합니다.
그림의 3번이 '개조식 서술형'입니다.
번호와 타이틀로 구분되어 단락화되었고
세부 내용은 적절한 수준의 짧은 문장으로 설명했습니다.
중요 단어와 수치도 적절히 강조되어 빠른 이해를 돕습니다.

이제 '개조식 서술형'을 쓰는 과정을
단계별로 차근차근 짚어보겠습니다.

서술식

메타버스(출처: 네이버 지식백과)

메타버스는 '가상', '초월' 등을 뜻하는 영어 단어 '메타'(Meta)와
우주를 뜻하는 '유니버스'(Universe)의 합성어로,
현실세계와 같은 사회·경제·문화 활동이 이뤄지는 3차원의 가상세계를 가리킨다.

메타버스는 가상현실(VR, 컴퓨터로 만들어 놓은 가상의 세계에서
사람이 실제와 같은 체험을 할 수 있도록 하는 최첨단 기술)보다 한 단계 더 진화한
개념으로, 아바타를 활용해 단지 게임이나 가상현실을 즐기는 데 그치지 않고
실제 현실과 같은 사회적 문화적 활동을 할 수 있다는 특징이 있다.

메타버스는 1992년 미국 SF작가 닐 스티븐슨(Neal Stephenson)이
소설 《스노 크래시(Snow Crash)》에 언급하면서 처음 등장한 개념으로,

이 소설에서 메타버스는 아바타를 통해서만 들어갈 수 있는 가상의 세계를 가리킨다. 그러다 2003년 린든 랩(Linden Lab)이 출시한 3차원 가상현실 기반의 '세컨드 라이프(Second Life)' 게임이 인기를 끌면서 메타버스가 널리 알려지게 되었다.

특히 메타버스는 초고속·초연결·초저지연의 5G 상용화와 2020년 전 세계를 강타한 코로나19 팬데믹 상황에서 확산되기 시작했다.
즉 5G 상용화와 함께 가상현실(VR)·증강현실(AR)·혼합현실(MR) 등을 구현할 수 있는 기술이 발전했고, 코로나19 사태로 비대면, 온라인 추세가 확산되면서 메타버스가 주목받고 있는 것이다.

1단계 : 핵심 단어를 추출합니다.

서술문을 읽어보면서 **가장 중요한 단어만 추출**합니다.

빠져서는 안 되는 단어, 중요한 맥락 전달상

꼭 유지해야 하는 단어를 선별합니다.

이 단어들은 조사, 접속사의 도움을 받아 문장의 중심이 됩니다.

Step 1 : 핵심 단어 추출

메타버스는 '가상', '초월' 등을 뜻하는 영어 단어 '메타'(Meta)와
우주를 뜻하는 '유니버스'(Universe)의 합성어로,
현실세계와 같은 사회·경제·문화 활동이 이뤄지는 3차원의 가상세계를 가리킨다.

메타버스는 가상현실(VR, 컴퓨터로 만들어 놓은 가상의 세계에서
사람이 실제와 같은 체험을 할 수 있도록 하는 최첨단 기술)보다 한 단계 더 진화한
개념으로, 아바타를 활용해 단지 게임이나 가상현실을 즐기는 데 그치지 않고
실제 현실과 같은 사회적 문화적 활동을 할 수 있다는 특징이 있다.

메타버스는 1992년 미국 SF작가 닐 스티븐슨(Neal Stephenson)이 소설 《스노 크래시(Snow Crash)》에 언급하면서 처음 등장한 개념으로, 이 소설에서 메타버스는 아바타를 통해서만 들어갈 수 있는 가상의 세계를 가리킨다. 그러다 2003년 린든 랩(Linden Lab)이 출시한 3차원 가상현실 기반의 '세컨드 라이프(Second Life)' 게임이 인기를 끌면서 메타버스가 널리 알려지게 되었다.

특히 메타버스는 초고속·초연결·초저지연의 5G 상용화와 2020년 전 세계를 강타한 코로나19 팬데믹 상황에서 확산되기 시작했다. 즉 5G 상용화와 함께 가상현실(VR)·증강현실(AR)·혼합현실(MR) 등을 구현할 수 있는 기술이 발전했고, 코로나19 사태로 비대면, 온라인 추세가 확산되면서 메타버스가 주목받고 있는 것이다.

(출처: 네이버 지식백과)

2단계 : 단락을 구분합니다.

중요한 단어들을 들여다보면 서로 같은 범주에 있는 단어들, 다른 범주라고 여겨지는 단어들이 보입니다.
구분되어야 하는 메시지 덩어리를 분리하고,
그 단락을 대표하는 대표적인 타이틀을 올려 그룹을 지정합니다.
샘플을 보면 어떤 것은 '메타버스의 정의' 범주에 해당하는지,
어떤 것은 '메타버스의 특징' 범주에 해당하는지 알 수 있습니다.

두 번째 단계는 키워드가 유목화된 상태를
기반으로 단락을 구분하는 겁니다.

Step 2 : 카테고리화 (서열화, 그룹화)

1. 메타버스의 의미/개념

1) 의미/정의
메타버스는 '가상', '초월' 등을 뜻하는 영어 단어 '메타'(Meta)와 우주를 뜻하는 '유니버스'(Universe)의 합성어로, 현실세계와 같은 사회·경제·문화 활동이 이뤄지는 3차원의 가상세계를 가리킨다.

2) 개념/특징
메타버스는 가상현실(VR, 컴퓨터로 만들어 놓은 가상의 세계에서 사람이 실제와 같은 체험을 할 수 있도록 하는 최첨단 기술)보다 한 단계 더 진화한 개념으로, 아바타를 활용해 단지 게임이나 가상현실을 즐기는 데 그치지 않고 실제 현실과 같은 사회적 문화적 활동을 할 수 있다는 특징이 있다.

2. 메타버스의 등장배경

1) 기원
메타버스는 1992년 미국 SF작가 닐 스티븐슨(Neal Stephenson)이 소설 《스노 크래시(Snow Crash)》에 언급하면서 처음 등장한 개념으로, 이 소설에서 메타버스는 아바타를 통해서만 들어갈 수 있는 가상의 세계를 가리킨다.
그러다 2003년 린든 랩(Linden Lab)이 출시한 3차원 가상현실 기반의 '세컨드 라이프(Second Life)' 게임이 인기를 끌면서 메타버스가 널리 알려지게 되었다.

2) 최근 등장배경
특히 메타버스는 초고속·초연결·초저지연의 5G 상용화와 2020년 전 세계를 강타한 코로나19 팬데믹 상황에서 확산되기 시작했다.
즉, 5G 상용화와 함께 가상현실(VR)·증강현실(AR)·혼합현실(MR) 등을 구현할 수 있는 기술이 발전했고, 코로나19 사태로 비대면, 온라인 추세가 확산되면서 메타버스가 주목받고 있는 것이다.

구분되어야 하는 메시지 덩어리를 단락 분리하고
그 단락을 대표하는 타이틀을 올려 그룹을 지정합니다.
아직까지는 문장 속에 키워드가 섞이고 묻혀 있습니다.

3단계 : 문장을 최소화시키면서 낱줄 단위로 정리합니다.
불릿Bullet을 활용하여 문장을 낱개로 뜯어냅니다.
이때 한 문장에는 한 메시지만 담기도록 유의합니다.
다른 메시지라면 별도 불릿으로 분리합니다.

단락 내 서술문은 '-임/-음/-함'으로 끝맺고,
문장에 주요 단어만 남도록 불필요한 접속사나 조사는 숨아냅니다.

메시지 단위로 뜯어내고 문장 내부를 정리하다보면
단락 구분이 최적화되어 있는지 재확인할 수 있습니다.
중복되는 단락이 있다면 빼거나 합칩니다.
반대로 떨어뜨려야 하는 단락이 보이면 분리시킵니다.

예를 들어 1번 단락의 메타버스의 '의미'와 '개념'을
굳이 분리할 필요 없는 하나의 범주로 판단하여 통합 표기합니다.

Step 3 : 문장의 정리 (불릿 + 핵심 문장 + 명사형 어미)

1. 메타버스의 의미/개념

- 의미
  - '메타'(Meta / 가상,초월) + '유니버스'(Universe, 우주)의 합성어임
  - 즉 사회·경제·문화 활동이 이뤄지는 3차원의 가상세계를 말함
  - 기존의 게임과 유사한 가상현실(VR)보다 더 진화한 개념임

2. 메타버스의 등장배경

1) 기원
   - SF소설 '스노 크래시'('92년, 닐 스티븐슨)에서 용어가 처음 등장함
     - 아바타를 통해서만 들어갈 수 있는 가상의 세계
   - 이후 '03년, 3차원 가상현실 게임 '세컨드 라이프(Second Life)'가 인기를 끌면서 널리 알려지게 됨

2) 최근 등장배경
   - 5G 상용화(초고속, 초연결 가능)와 코로나19 팬데믹 상황에서 확산됨
   - 즉 가상현실(VR)·증강현실(AR)·혼합현실(MR) 등을 구현할 수 있는 기술이 마련되고 비대면, 온라인 추세가 확산되면서 최근 주목받기 시작함

4단계 : 문장 기본 편집을 진행합니다.

불필요하거나 중복되는 낱어는 줄이거나 삭제합니다.

뜻을 남기는 수준에서 글자를 최대한 빼는 겁니다.

이때 조사와 접속사까지 빠지지 않도록 주의해야 합니다.

소리 내어 읽었을 때 매끄러운 문장이 되도록 신경 씁니다.

Step 4 : 기본 편집 (줄 간격 조정, 중복 의미 삭제 등)

1. 메타버스의 의미/개념
- 의미 : 현실이 투영된 가상세계 (실제 현실같이 사회, 문화, 경제 활동이 가능함)
  - '메타'(Meta / 가상,초월)와 '유니버스'(Universe, 우주)의 합성어임
  - 게임과 유사한 가상현실 (VR)보다 더 진화한 개념임 (가상현실 + 사회, 문화, 경제활동)

2. 메타버스의 등장배경
1) 기원 : SF소설과 3차원 게임의 융합
   - '92년 SF소설 '스노 크래시'에서 처음 등장한 용어 (아바타를 통해서만 들어갈 수 있는 가상세계)
   - '03년, 3차원 가상현실 게임 '세컨드 라이프(Second Life)'가 유명해지며 널리 알려짐
2) 최근 부각된 배경 : 5G 기술상용화와 비대면 상황으로 가속화
   - 5G 상용화(초고속, 초연결 가능)와 코로나19 팬데믹 상황에서 확산됨
   - 즉, 가상현실(VR)·증강현실(AR)·혼합현실(MR) 등을 구현할 수 있는 통신기술이 마련되고 비대면·온라인 추세가 확산되면서 최근 주목받기 시작함

들여쓰기, 줄 간격 조정 등을 통해 위계와 관계를 부각시킵니다.
단락, 문장 간 거리를 조정하여 시각적으로 관계성을 드러내고
같은 위계는 수직적으로 같은 위치에서 시작하도록 조정합니다.

중요하지만 문장에 남지 않아도 되는
세부항목, 수치, 근거 등은 괄호 처리하여 부연 설명합니다.
타이틀은 HY견고딕 같은 두툼하고 굵은 서체로 변경하여

단락을 명확하게 구분합니다.

각 소제목마다 요약 Chapter Summary 를 넣습니다.
단락 내부의 모든 문장을 대변하는 핵심 내용만 기록합니다.

5단계 : 마지막으로 중요한 단어를 부각시킵니다.

문장을 처음부터 다시 읽어보면서
가장 중요한 단어 몇 개만 선정합니다.

Step 5 : 중요 단어 부각 (Highlighting)

1. 메타버스의 의미/개념
- 의미 : 현실이 투영된 **가상세계** (실제 현실같이 사회, 문화, 경제 활동이 가능함)
  - '**메타**'(Meta / 가상,초월)와 '**유니버스**'(Universe, 우주)의 합성어임
  - 게임과 유사한 **가상현실(VR)보다 더 진화한 개념**임 (가상현실 + 사회, 문화, 경제활동)

2. 메타버스의 등장배경
1) 기원 : SF소설과 3차원 게임의 융합
   - '92년 SF소설 '스노 크래시'에서 **처음 등장**한 용어 (아바타를 통해서만 들어갈 수 있는 가상세계)
   - '03년, 3차원 가상현실 게임 '세컨드 라이프(Second Life)'가 유명해지며 널리 알려짐

2) 최근 부각된 배경 : 5G 기술상용화와 비대면 상황으로 가속화
   - **5G 상용화**(초고속, 초연결 가능)와 **코로나19 팬데믹** 상황에서 확산됨
   - 즉, 가상현실(VR)·증강현실(AR)·혼합현실(MR) 등을 구현할 수 있는 **통신기술**이 마련되고 **비대면·온라인 추세**가 확산되면서 최근 주목받기 시작함

처음에 선정했던 중요 단어가 기반이 되겠지만,
그렇다고 모든 중요 단어를 강조할 수는 없습니다.

결재자인 경영진이 모든 내용을 안 보더라도,
맥락을 유지하고 설득하는 데
꼭 필요한 단어만 선별하여 강조합니다.
한 단락에는 2~3개 이내의 강조점만 있도록 정제합니다.
강조점이 너무 많으면 복잡하고 지저분하게 보입니다.

물리적 강조 표현은 일반적으로
볼드Bold 와 언더바Underbar 를 사용합니다.
(간혹 다른 색상을 쓰지만 권장하지는 않습니다.)

◆ ◆ ◆

제목은 매우 중요합니다.
원페이지를 처음 만나는 지점이기 때문입니다.
헤드라인이 원페이지를 총괄하는 가장 강력한 메시지라면
제목은 헤드라인이라는 문을 여는 노크입니다.

제목 역시 강렬해야 합니다.
뻔한 제목을 지양하고 최대한 구체적이면서도
매력적인 내용을 담는 것이 좋습니다.

실제 비즈니스 장면을 들여다보면
경영진은 제목을 처음 First Time 에만 보는 것이 아닙니다.
가장 마지막 Last Time 에 제목을 다시 봅니다.
결재하기 직전에 말입니다.

경영진이 결재하는 모습을 묘사해 보겠습니다.
먼저 원페이지를 훑어봅니다.
문서에 담긴 내용에 동의하고,
본인이 책임질 수준으로 정리가 잘 되었다면,
결재란으로 펜과 시선을 이동합니다.

보통 결재란은 문서의 앞단에 있습니다.
결국 제목 근처로 다시 돌아온다는 겁니다.

제목이 정확하고 구체적이어야

원페이지 문서의 이해도가 높아짐은 물론이고,
최종 결재할 때 책임질 사항에 대한 재확인이 가능합니다.

이렇듯 제목은 원페이지의 처음이자 끝입니다.
그래서 더더욱 구체적이고 명쾌해야 합니다.
그렇다면 제목을 어떻게 작성하는 것이 좋을까요?

요즘 유행어 중에 '제곧내'라는 줄임말이 있습니다.
'제곧내'는 메일이나 온라인 게시물 본문은 제목과 동일하니
본문에 아무것도 기록하지 않을 때 쓰는 용어입니다.
'본문 없음', '내용 없음'과 같은 말입니다.

원페이지 작성 상황에서 '제곧내'는
제목이 가진 구체성 수준의 끝판왕인 상황이겠지요.

제목을 너무 짧게 쓸 필요는 없습니다.
제목은 짧은 것만이 능사가 아닙니다.
제목은 조금 길더라도 '직시형'을 추구하는 것이 중요합니다.

직시直視형이란, '왜곡 없이 똑바로 볼 수 있는가Direct'
'무슨 내용인지 뚜렷하게 보이는가Clear'
'매우 현실적인가Real', '사안을 관통하는가Overall'의
요구를 충족하는 상태를 나타냅니다.

직시형 제목을 구성할 때는
가급적 세 가지 내용이 들어가야 합니다.

직시형 제목의 첫 번째 구성요소는 '실행'입니다.

직시형 제목의 구성

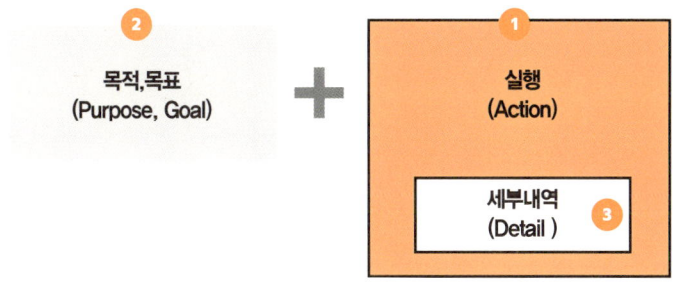

원페이지의 제목에 실행을 담는 것은 기본입니다.

기본이라기보다는 기초에 가깝습니다. 없으면 안 되지요.
우리가 일상에서 쓰는 제목들은 너무 기초에만 충실합니다.
'실행'만 담긴 제목은 허술합니다. 예를 들어보죠.

- '작업 진행의 건'
- 'OO계약 추진의 건'
- '태국법인 우수인재 탐방의 건'
- 'RE100 대응전략 수립'

존재감이 너무나 미약한 제목의 사례들로
단지 해당 업무의 윤곽만 보여주는 것에 그칩니다.
제목의 구체성에 좀 더 욕심을 내야 합니다.

직시형 제목을 위한 두 번째 구성요소는 '목적/목표'입니다.
'목적/목표'는 실행의 지향점과 명분을 잡아줍니다.
왜 실행하는지, 어느 정도 수준까지 실행하는지를 알려주면
제목은 더 뚜렷해지고 강렬해집니다.

'목적/목표'는 보통 '~을/를 위한'이라는 수사적 표현에 담깁니다.

'공정효율 5% 개선을 위한 작업 진행의 건'
'OO억 매출 달성을 위한 OO계약 진행의 건'
'해외인력 로열티 제고를 위한 태국법인 우수인재 탐방의 건'
'미래형 비전 2030 달성을 위한 RE100 대응전략 수립'

기존의 '실행'만 담은 제목에 비해 훨씬 더 명확해졌습니다.

직시형 제목을 위한 세 번째 구성요소는 '세부내역'입니다.
'세부내역'은 '실행'의 하위요소입니다.
실행이 다루는 내용이 너무 커서 특정하게 집중해야 할 때 씁니다.

예를 들어 '달리기'보다는 '100m 달리기', '러닝머신 뛰기',
'빠른 걸음', '10km 뛰기'처럼 실행 내용을 좁혀주는 겁니다.

'세부내역'이 많을수록 구체성은 높아지지만
제목의 간결함은 약해지는 위험이 있습니다.
따라서 아주 중요한 실행의 포인트 하나 정도만
콕 짚어서 사용하는 것이 좋습니다.

'공정효율 5% 개선을 위한 OO장비 교체의 건'

'OO억 매출 달성을 위한 OO회사와 OO부문 신규계약 건'

'해외인력 로열티 제고를 위한 태국법인 우수인재 본사탐방의 건 (OO공장 견학, 자격인증)'

'미래형 비전2030 달성을 위한 RE100 대응전략 수립 (OO부문 OO공정을 중심으로)'

위의 예시처럼 실행을 더 구체적으로 부연하는 방법도 있고 별도로 괄호 처리하여 구체적인 포인트를 지목할 수도 있습니다.

원페이지 문서의 제목은 크게 두 가지 유형이 있습니다.
첫 번째 유형은 직시형 제목입니다.
두 번째 유형은 오피셜 Official 한 제목과 직시형 부제를 병행하는 제목입니다.

'직시형 제목'은 앞서 설명한
'목적/목표' + '실행' + '세부내역'의 구조로 만들어집니다.
그러므로 추가 설명은 하지 않겠습니다.

오피셜한 제목과 직시형 부제를 쓰는 경우는 다음과 같습니다.

1. 메인 제목이 너무 길지 않도록 매우 단순하게 조절해야 할 때
2. 문서에서 다루는 업무영역을 먼저 지정해야 할 때(내용보다는 영역을 강조)
3. 격식을 갖춘 사무적인 모습이 먼저 필요할 때

제목의 유형

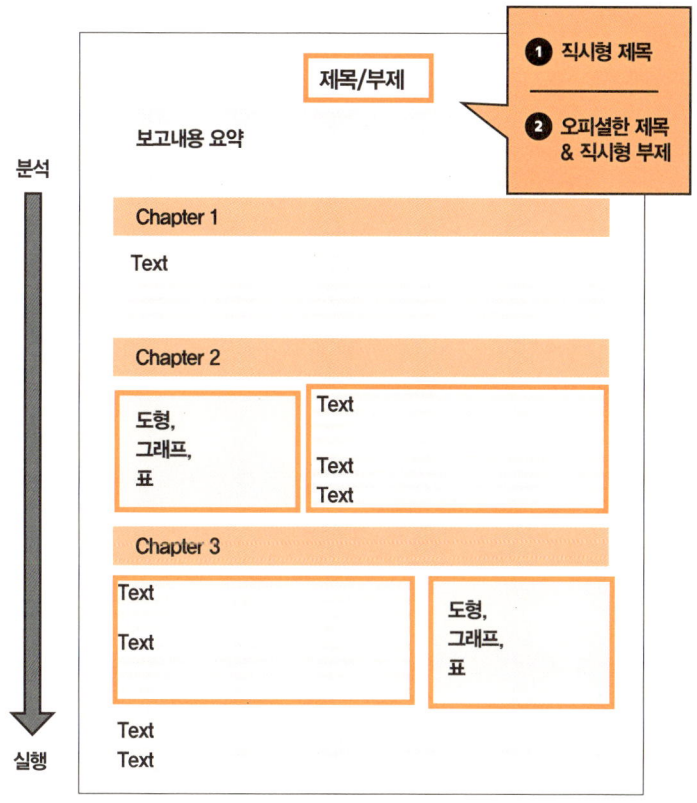

보통은 오피셜한 제목을 우선 기록하고,
그 아래 부제를 작게 처리하여 전체 제목의 격식과 구체성을
동시에 높이는 것이 이 제목 유형의 목적입니다.
오피셜한 제목은 매우 거시적인 수준을 다룹니다.
구체적이기보다는 대표적입니다.

오피셜한 제목 & 직시형 부제

장비 선진화 방안
공정효율 5% 개선을 위한 OO장비 교체

신규계약 추진
OO억 매출 달성을 위한 OO회사와 OO부문 신규계약

해외 우수인재 본사 탐방 지원
해외 현지인 로열티 제고를 위한 태국법인 우수인재 탐방 지원
(OO공장견학, 자격인증)

생산 부문 중장기 대응방안
미래형 비전2030 달성을 위한 RE100 대응전략 수립
(OO부문 OO공정을 중심으로)

원페이지 문서의 내용Contents 이 아닌
업무 영역Category 을 짚어주는 역할을 합니다.
웅장한 대단원의 막을 열어주는 겁니다.
오피셜한 제목으로 만들어진 큰 업무 영역을 기반으로
직시형 부제가 구체적이면서 현실적인 내용을 지원함으로써
제목은 거시성과 구체성을 모두 가지게 됩니다.

제목 스타일에 정답은 없습니다.
어떤 유형이 맞는지는 업무 상황에 따라 달라집니다.

한 가지 확실한 것은
우리가 의미 없는 제목을 너무 남발한다는 점입니다.
의미 없는 제목은 구체성과 포괄성이 너무 미약한데
이런 나쁜 제목을 쓰는 이유가 있습니다.

바로 제목부터 쓰는 습관 때문입니다.
원페이지 본문의 내용, 헤드라인을 먼저 기록하지 않고
제목부터 쓰게 되면 의미 없이 큰 덩어리형 제목을 쓰게 됩니다.
충분히 장악하고, 이해하지 못한 내용을 제목으로 기록하는 겁니다.

구체적 제목 쓰기는 어느 정도 원페이지가 완성되고,
문서의 내용을 장악한 다음,
마지막 단계에서 작업하는 것이 좋습니다.

끝날 때까지 끝난 게 아니다! 원페이지 최종 체크

지금까지 원페이지에 들어갈 내용을 촘촘하게 구성했고
구성 내용을 문장으로 옮겼으며
전체 내용을 아우르는 헤드라인과 제목을 설정했습니다.

여기서 끝이 아닙니다.
우리는 '종결 욕구'를 조심해야 합니다.
종결 욕구란 빨리 끝내고자 하는 심적 발동을 일컫습니다.
"이제 다 왔다, 빨리 끝내버리자."
이런 마음은 원페이지의 질적 완성도에 치명타를 입힙니다.

메시지 표기가 완료되었다는 것이
작성 종료를 의미하는 것은 아닙니다.

원페이지의 가치는
모든 메시지가 각각 딱 떨어지는 명쾌함이 있고
모든 메시지가 같은 주제, 주장으로 연결되며
모든 메시지가 처음부터 끝까지 물 흐르듯 표현될 때 생깁니다.

최종적으로 원페이지를 검토할 때는
'한 단어'로는 오탈자 점검,
'한 문장'으로는 편집 상태와 표현의 적절성,
'한 단락'으로는 메시지의 명확함,
'한 페이지'로는 전체적인 주장과 느낌을 보아야 합니다.

원페이지를 검토하는 최고의 방법은 딱 하나입니다.
'소리 내어 읽는 것'은 기본 중의 기본이지만
가장 위대하고 강력한 검토 방법입니다.
소리 내어 읽으면 대체 뭐가 좋을까요?

첫째, 남의 눈으로 나의 문서를 볼 수 있게 합니다.

소리 내어 읽으면 '메타인지 Meta Cognition'가 일어납니다.
영화 속 유체이탈의 장면처럼
내 문서를 좀 더 멀리서 객관적으로 보게 됩니다.

소리 내어 읽다 보면, 타인에게 내 문서가
어떤 메시지로 다가가는지를 알 수 있습니다.

내가 쓴 원페이지를 객관적으로 검토하는 것은 매우 중요합니다.
사람은 자신이 쓰는 문서와 쉽게 사랑에 빠집니다.
며칠 동안 낑낑대며 쓰다 보면 자연스레 애착이 생기죠.

최선과 집착은 한 끗 차이입니다.
내 눈에만 귀한 것인지, 타인의 눈에도 그렇게 보이는지는
원페이지를 들고, 경영진을 만나기 전에는 잘 모릅니다.
원페이지에 집착하거나 일방적으로 긍정하지 말아야 합니다.

그래서 객관적으로 검토하는 습관이 매우 중요합니다.
객관적 검토 방법이 바로 '소리 내어 읽어보기'인 것이고요.

둘째, 오탈자와 논리, 느낌을 동시에 확인할 수 있습니다.

소리 내어 읽을 때,
원페이지의 전반적인 느낌과 에너지를 경험할 수 있습니다.
이는 소리 내어 읽기의 최고 장점입니다.

'이거 같은 글자들이 맴도는데…'
'문장이 긴 느낌인데…'
'앞에서 했던 말 같은데…'
'이거 앞이랑 뒤랑 논조가 다른데…'

글자들의 느낌, 단어의 느낌, 문장의 느낌, 문서의 느낌을
골고루 맛보는 것은
눈이 아닌 입으로 체크할 때만 가능합니다.

사람은 본능적으로
미시적 점검에 집중하면 거시적 포인트를 놓칩니다.
반대로 거시적인 흐름 점검에 집중하면
미시적인 세부사항을 놓칩니다.

소리 내어 체크하는 과정에서 얻는
포커스Focus 와 임프레션Impression 은
미시적이면서도 거시적인 완결성을 잡는 데 매우 중요합니다.

셋째, 구석구석 검토할 수밖에 없습니다.
소리 내어 읽으면 '낭독朗讀, Read Aloud'이고,
눈으로 읽으면 '묵독默讀, Read Silent'입니다.

우리는 문서를 점검할 때 주로 묵독합니다.
하지만 '묵독'은 매우 위험합니다.

눈으로 읽어나가는 과정에서는 반드시 뛰어넘는 일이 생깁니다.
훑어서 읽는 행위는 사람의 본능입니다.
우리는 단어와 단어 사이를 날아다니고,
문단과 문단을 넘나들면서 느낌만 보고 검토를 마치려 합니다.

느낌만 보는 행위는 원페이지의 고객들,
즉 경영진에게만 허락된 것입니다.
실무자는 느낌만 봐서는 안 됩니다.

실무자는 어렵고 지겹더라도 이를 이겨내며
한 글자씩 꾹꾹 밟아가면서 읽어야 합니다.
그러려면 결국 소리 내어 읽어야 합니다.

한 글자씩 짚어보고, 문장의 느낌을 곱씹으면서
점검해야 양질의 문서가 나옵니다.

넷째, 소리 내어 읽는 습관은 문장력을 키워줍니다.
소리 내어 읽는 습관은 장기적으로
본인의 문장력에 날개를 달아줍니다.

어떤 문장이 좋은 것이고,
어떤 문장이 매끄러운 것인지 이미 알고 있는 사람은
문장을 쓸 때부터 이미 잘 쓰려고 노력합니다.

좋은 문장을 볼 수 있는 눈은
스스로 검토하는 과정에서 상승합니다.

소리 내어 읽고, 점검하면서 얻는 교훈과 성찰은

본인의 문장 습관을 잘 알게 해줍니다.
성찰은 다시 실행으로 이어져 긍정적인 상승효과를 일으킵니다.

문장을 처음 쓰는 단계에서 잘못된 습관을 바로잡게 되는데
이는 엉망진창으로 문장이 기록되지 않도록 방어해줍니다.

소리 내어 읽는 기초 점검 방식에 온전히 충실하되
다섯 가지 사항을 염두에 두고 점검하면
거시적인 메시지 구조를 충분히 완성할 수 있습니다.
원페이지를 최종 검토할 때 다음의 질문을 꼭 확인하세요.

1. 제목이 대표성을 띠고 있는가?
2. 헤드라인이 내용을 포괄적으로 담고 있는가?
3. 단락별 완결성이 있고, 단락 간 중복된 내용이 있는가?
4. 문장은 간결한가?
5. 도형, 그래프, 표는 내용에 적합한가?

제목과 부제는 원페이지의 '명패' 같은 존재입니다.
제목이 너무 사무적이거나 딱딱하거나

과도하게 세세한 내용이 담기지 않도록 조정합니다.

헤드라인은 모든 내용을 쓸어 담는 대표 메시지입니다.
이어지는 내용을 읽지 않아도 고개를 끄덕일 수 있는지,
한 번만 읽어도 이해가 되는지 다시 한 번 확인합니다.

또한 의사결정에 중요한 핵심 수치가 담겼는지도 점검합니다.
헤드라인이 원페이지를 대표하면서 진한 인상을 전할 수 있는지
마지막으로 확인해야 합니다.

단락은 완결성이 있고, 단락 간 중복된 내용이 없어야 합니다.
단락은 하나의 큰 메시지를 충분히 보여주는 덩어리여야 합니다.
똘똘 뭉쳐서 야무지게 하나의 목소리를 내야 좋은 단락입니다.

더불어 단락 간에는 중복된 내용이 없어야 합니다.
이 단락 저 단락에서 같은 이야기를 하는 상황이라면
하나의 단락으로 합쳐야 합니다.
각 단락이 자기 목소리를 충분히 내면서도
서로 겹치지 않고 같은 주제를 지향할 때 좋은 스토리가 흐릅니다.

문장은 무조건 짧아야 합니다.
하지만 전달력이 떨어지거나, 현실감이 낮거나,
읽기 불편할 정도로 짧으면 안 됩니다.

적절한 조사와 정확한 수치적 표현이 빠져서는 안 됩니다.
간결하다는 것은 문장의 물리적인 길이가 짧은 것 외에도
전달의 간결성, 즉 '빠른 이해'를 말합니다.

문장은 한 번 읽었을 때 바로 이해되는 것이 최고입니다.
두 번 읽어서 이해된다면 일부 수정하고
세 번 읽어서 이해된다면 전면 수정할 생각으로 검토합니다.

문장이 바로 이해되지 않으면
원페이지 전반의 인식 흐름에 구멍이 생깁니다.
특히 원페이지 상황에서 문장 인식 누락은
심각한 문제를 초래합니다.

한 문장, 한 문장이 다 소중하므로
모든 문장을 바로 이해할 수 있는 수준으로 다듬어야 합니다.

원페이지 최종 검토

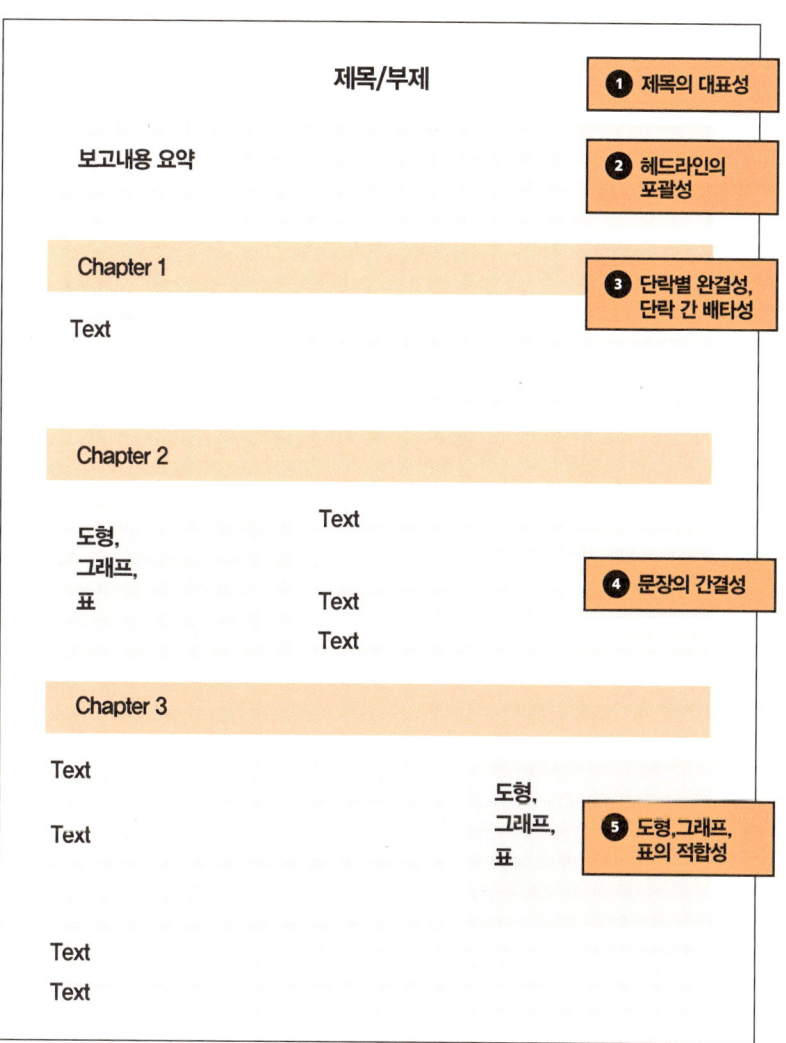

도형, 그래프, 표는 정말 필요할 때만 활용합니다.
꾸밈용으로 넣는 것은 금물입니다.

도형은 사용 면적이 넓고, 수직적 메시지 배열을 깨뜨립니다.
도형은 복합적인 관계 역동을 설명할 때,
꼭 필요한 경우에만 활용합니다.

'도형, 그래프, 표'는 그 자체로서는 명확성은 떨어지므로
구체적인 사항을 알려주는 문장형 표현이 병기되어야 합니다.

부록

원페이지 설계 퀵 버전

원페이지 구조 설정 단계를 간략히 정리하면 아래와 같습니다.

원페이지 문서의 유형을 정하고,
문서의 유형마다 꼭 써야 하는 목차를 선정하고
목차가 가지고 있는 대표적 질문을 예상하면서 '서브목차'를 뽑고
'서브목차'의 '핵심 어근'을 만들어야 원페이지 골격이 완성됩니다.

하지만 그렇게 적성대로 작성할 시간이 없다면 어떻게 할까요?

약간은 빠른 길로 가는 지름길이 있습니다.
'원페이지 설계 퀵 Quick 버전은' 정석의 접근은 아니므로
화급하게 구조를 잡아야 할 때만 쓰기 바랍니다.
생각하고, 생각을 정돈하는 시간이 줄어들수록
원페이지의 퀄리티는 떨어질 수밖에 없다는 것을 명심하십시오.

원페이지 설계 퀵 버전은 이미 형성된 목차의 영역에
본인이 생각하는 키워드를 우선 기록하는 툴입니다.
이를 활용할 때 조심해야 하는 점은
문장으로 바로 쓰지 말고 키워드만 기록한다는 것입니다.

키워드 없이 문장을 바로 쓰기 어려울뿐더러
문장을 쓰더라도 전체적인 관점을 놓치고
하나의 메시지에만 집중하게 됩니다.
즉 앞뒤의 구조를 못 보고
지금 쓰는 단어, 지금 쓰는 한 줄의 문장에만 함몰됩니다.

거시적으로 보기 전까지 문장 사용은 금물입니다.

* * *

원페이지 설계 퀵 버전 1단계 단계입니다.
가장 먼저 **문제를 지목**합니다.
우리의 상황은 어떻고, 무엇이 가장 문제고, 무엇은 문제가 아닌지
그 문제가 우리에게 왜 중요한 것인지를 대변하는 키워드를 기록합니다.

여기시 문제는 개선과 회복이 필요한 싱태민이 아니고
새로운 상태를 만들기 위한 도전의 기회도 포함합니다.

문제를 다루는 키워드는 '서브목차' 중
몇 가지를 골라 응답하듯이 기록해도 좋습니다.

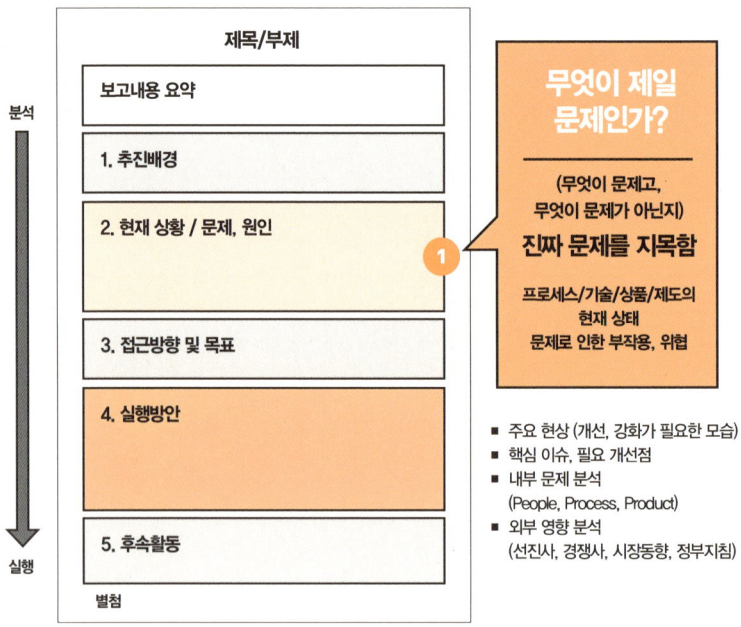

원페이지 설계 퀵 버전 2단계입니다.

문제와 도전이 정해졌으면

그 상황에 어떻게 대응하고 해결할 것인지 키워드로 기록합니다.

이 단계에서는 실행과 수행에 집중하기 전에

원페이지 설계 퀵 버전 2단계

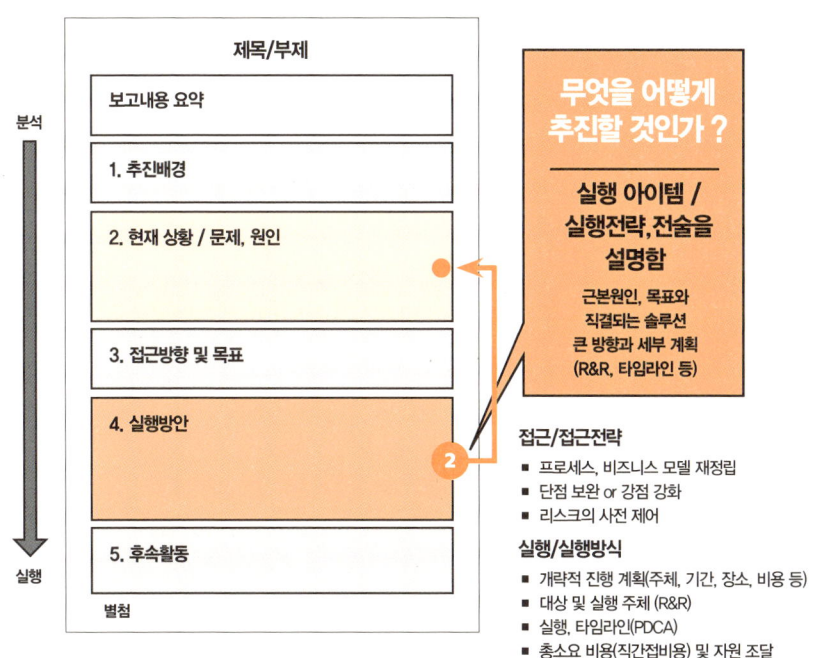

문제와 도전이 정말 해결되는가를 같이 생각해야 합니다.

잘못되면 문제와 도전이 따로,

실행과 수행 따로 움직이기 때문입니다.

퀵 버전 2단계 표에서 4번 실행 방안은

2번 문제, 원인의 내용을 정확하게 바라보고 있어야 하며

서로 대구對句가 되어야 합니다.

4번 실행 방안에는 무엇을What 중심으로 접근하는 것이 좋은지
그것을 어떻게How 수행할 것인지를 기록합니다.
'What-How'는 서로 연결되어야 하며
사안이 경미할수록 'How'에 더 많은 비중을 쓰고
사안이 중대할수록 'What'에 더 많은 비중을 쓰는 것이 좋습니다.

세 번째 단계에서는
근처의 유사 목차로 메시지를 확장, 전이하여 기록합니다.
즉 분석의 핵심 축인 '문제와 도전'
실행의 핵심 축인 '실행과 해결'을 정했다면
인근의 목차로 메시지를 끄집어 이어붙이는 겁니다.

사실 1번 '추진 배경'의 메시지는
2번 '문제, 원인'을 꾸미고 거드는 덩어리입니다.
부차적인 것으로 볼 수 있지요. 일명 '부연목차'입니다.

마찬가지로 4번 '실행 방안'의 목차를 꾸미고 거드는 '부연목차'는

원페이지 설계 퀵 버전 3단계

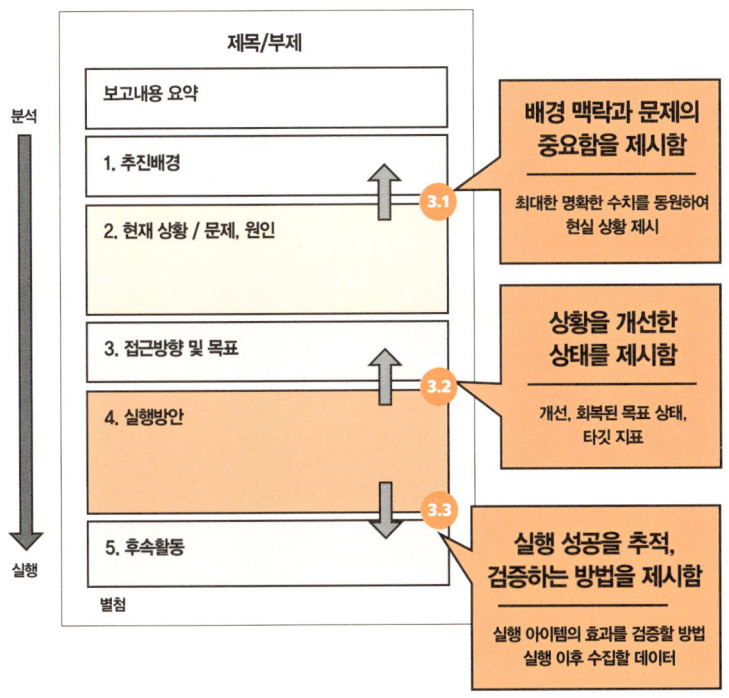

3번 '접근 방향, 목표'와 5번 '후속 활동'입니다.

그러므로 **핵심 주축의 목차 메시지가 정해졌다면**
그 연속선상에 있는 '부연목차'로 메시지를 이어붙이는 것이
퀵 모델의 특징이자 차별점입니다.

먼저 문제의 배경과 도전의 필요성을 끄집어냅니다.
문제와 도전은 왜, 그리고 얼마나 중요한지
배경과 맥락을 추론하여 '추진 배경'에 키워드를 기록합니다.

정석대로라면 추진 배경을 정돈해 큰 울타리를 지정하고
그 안 있는 중요한 문제와 도전을 지목하겠지요.
퀵 모델에서는 현실적 '문제와 도전'을 먼저 지목하고
역으로 그 '문제와 도전'의 앞뒤 정황을 기술합니다.

4번 '실행 방안'의 메시지가 정해졌다면
그 실행으로 달성 가능한 수준을 목표로 지정하고
몇 개의 굵은 실행 방향을 지정해 접근 방향으로 만듭니다.
그리고 3번 '접근 방향 및 목표'에 키워드를 씁니다.

추가로 실행 이후의 연계, 점검의 방안을 뽑아서
5번 '후속 활동' 목차에 확장 기록합니다.

마지막 네 번째 단계에서는
전체적으로 최종 메시지의 앞뒤 논리와 맥락을 점검합니다.

원페이지 설계 퀵 버전 4단계

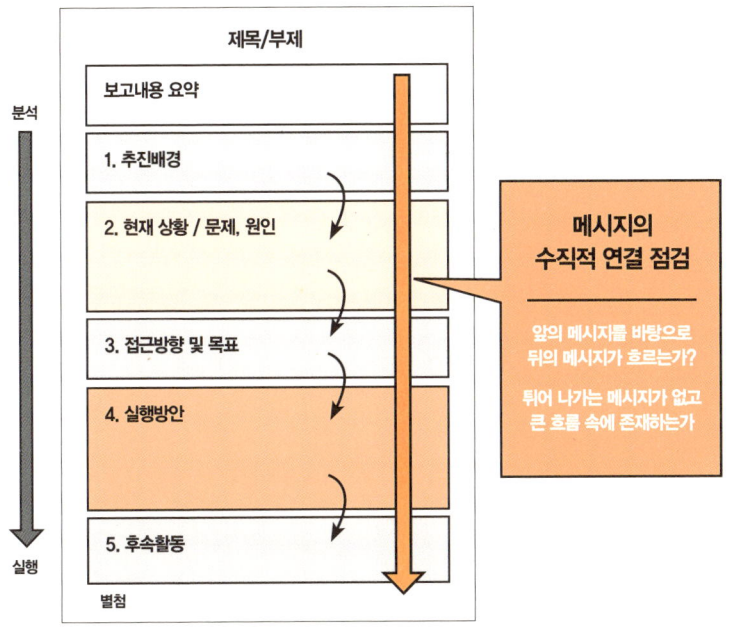

위에서 아래로 메시지가 흐르는지
앞의 메시지를 기반에 두고 뒤의 메시지가 따라오는지
상반되어 충돌하는 메시지는 없는지 재확인합니다.
이렇게 해야 원페이지 메시지 흐름에 뒤틀림이 없습니다.

원페이지 구조 설계 퀵 버전은
'분석', '실행'의 양대 축을 탄탄하게 잡은 후에
부연 메시지를 확장하는 방식을 취합니다.

다시 한 번 강조하지만, 퀵 버전은 정석의 흐름이 아니므로
시간이 절대 부족하거나 상대적으로 경미한 사안에만
활용하기 바랍니다.

나가는 말

원페이지는 업무 효율성을 증대하는 최적의 문서입니다.
물론 모든 비즈니스 상황에 적용하기는 어렵습니다.
원페이지를 무분별하게 사용하면,
경영진의 니즈를 만족시킬 수 없을뿐더러
문건을 컨펌받을 수 없는 상황에 이를 수 있음을 앞서 살펴봤습니다.

그렇지만 상황에 맞게 적절히 활용하면
최고의 효율을 내는 것이 '원페이지'입니다.

실제로 작성된 원페이지 샘플을 보면서 마무리하겠습니다
샘플을 꼼꼼하게 살펴보고 실무에 적용하기 바랍니다.
샘플로 제시한 원페이지의 작성 배경은
'사내 임직원의 지인을 추천해 채용모집의 현실성을 높이는
새로운 인사제도를 도입'하는 가상 상황입니다.

먼저 세로형 버전으로 작성한 원페이지입니다.

기본 구조

제목

헤드라인

1. 추진배경 : 한 줄 요약 메시지

2. 현재 상황 / 문제, 원인 : 한 줄 요약 메시지

3. 접근방향 및 목표 : 한 줄 요약 메시지

4. 실행방안 : 한 줄 요약 메시지

5. 후속활동 : 한 줄 요약 메시지

사내헤드헌터 제도 도입운영 案
– 임직원 추천을 통해 최적의 후보자를 소개받는 제도 –

> 기술계 경력직원의 높은 조기이탈을 감소(57%→20%)하고자
> 후보자 모집단계에서 지인을 소개하고 보상(50만원/건)을 받는
> 채용제도를 22년 하반기에 신설/운영함

1. 추진배경 : OO프로젝트의 성공을 위해 전문기술계 직원의 확보/유지가 필요
- 최근 지속적 사업확장과 OO국책사업 수주로 인해 **전문인력의 확보/유지가 중요**해졌음
- 기술분야 경력사원의 조기이탈이 점차 증가되고 있어 이를 방지하기 위한 제도를 마련해야 함

2. 현재상황 : 기술계 경력직은 50%이상 1년내 퇴사, 회사이해가 부족한 상태에서 입사함이 원인
- 최근 **경력직 1년내 퇴사율은 57%**에 육박함 (타사의 조기퇴사율은 약 30% 대임)
- 경력직 조기 퇴사로 인한 로스가 발생함 (직접: 헤드헌터수수료 5억 / 간접: 팀 분위기 저하, 인력 공백 등)
- 주요퇴사원인은 **본인이 기대한 직무,조직문화와 괴리임** (당사에 대한 이해가 낮은 상태에서 지원/입사함)

※ 별첨 1 참조

3. 접근방향, 목표 : 20% 이하의 조기퇴사율을 위한 채용제도 신설
- 직무에 최적화된 지인을 소개하는 "사내헤드헌터" 제도를 시행하여
  경력직원 조기퇴사율을 20% 이하로 유지하고자 함 (2022년 이후 평균 퇴사율 측정치 기준)

4. 실행방안 : 임직원의 외부인맥,지인을 추천한 후 최종합격 시 보상받는 제도를 운영 / 22년부터

- 임직원이 가진 **외부인맥의 적극 활용 및 현장중심의 채용**기반 마련
- 직무에 최적화된, **조직에 맞춤된 후보의 확보**의 검증
- 입사 후 조기적응을 지원하는 **전방위적 인사제도** 마련

- **개요 및 프로세스** ('22년 10월 중 파일럿 시행 후 '23년 본격진행)
  '재직 3년 이상 임직원의 추천을 받아 경력사원 채용을 진행'
  1. 사내 게시판을 채용 TO를 홍보/공지
  2. **내부 임직원이 지인을 추천**
     (객관적 조직이해가 가능한 3년 이상 재직자로 한정)
  3. 추천된 후보자의 지원 및 서류전형 실시
  4. 공식 인터뷰 진행
  5. **최종 합격/입사 시 해당 추천인에게 보상금**을 수여 (50만원/회)
  6. 입사 후 케어하는 **정착멘토링** 운영

  ※ 세부시행계획 별첨 2 참조

- **기대효과**
  - 경력직원 **채용비용의 절감** (년 3억원 절감 가능)
  - 경력직원 **3년내 퇴직율 50%이상 감소** 예상 (전문기술직무 기준)
  - 면접진행 로스 축소 가능 (면접관 인건비, 기회비용 등)

5. 후속활동 : 입사 후 3개년간 케어하되 고과도 추적하여, 제도의 효율성을 판단할 예정
- 제도시행 전후 문제점 파악 후 개선
  1) 추천인/피추천인 사후 인터뷰, 2) 현업팀장 만족도점검, 3) 입사자 조직적응도 및 3년 고과 추적관리
- 입사자 정착을 위한 케어 제도 병행 (경력사원 워크샵, 현업팀장 가이드 제공 등)

※ 이후계획 별첨 3 참조

다음은 가로형 버전으로 작성한 원페이지입니다.
내용은 세로형 버전과 동일하지만 이원분할형으로 작성했습니다.

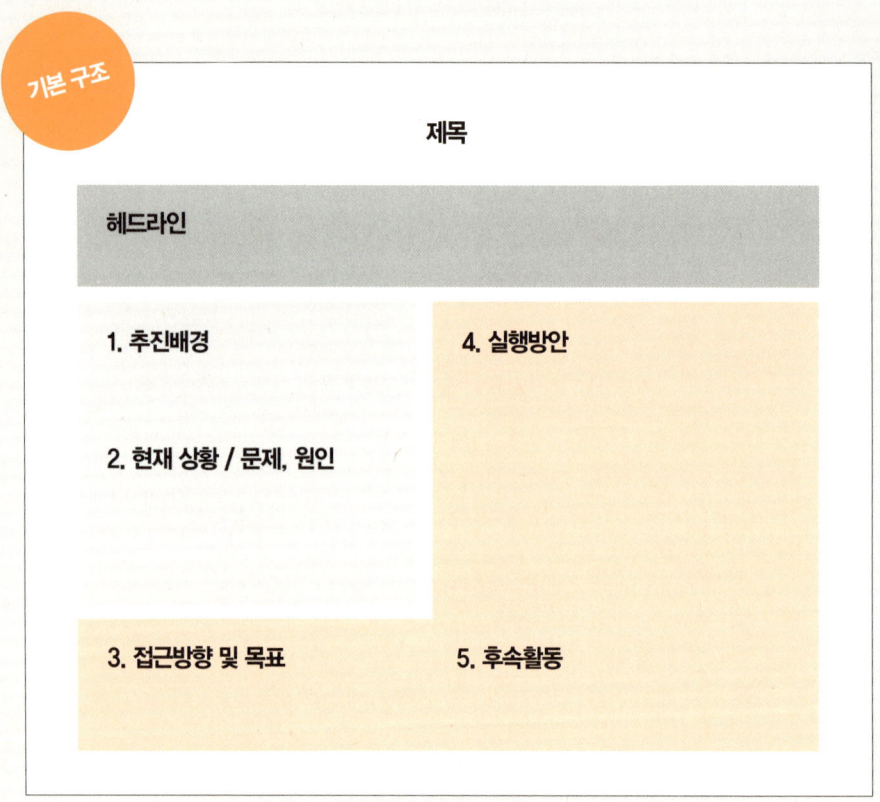

사내헤드헌터 제도 도입운영 案(임직원 추천을 통해 최적의 후보자를 소개받는 제도)

기술계 경력직원의 높은 조기이탈을 감소(57%→20%)하고자
후보자 모집단계에서 지인을 소개하고 보상(50만 원/건)을 받는 채용제도를 22년 하반기에 신설/운영함

1. 추진배경
OOPJT의 성공을 위해 기술계 직원의 확보/유지가 필요

- 최근 지속적 사업확장과 OO국책사업 수주로 인해 **전문인력의 확보/유지가 중요**해졌음
- 기술분야 경력사원의 조기이탈이 점차 증가되고 있어 이를 방지하기 위한 제도를 마련해야 함
  ※ 별첨 1 참조

2. 현재상황
기술계 경력직은 50% 이상 1년 내 퇴사, 회사이해가 부족한 상태에서 입사함이 원인

- 최근 **경력직 1년 내 퇴사율은 57%**에 육박함
  (타사의 조기퇴사율은 약 30% 대임)
- 경력직 조기 퇴사로 인한 로스가 발생함
  (직접: 헤드헌터 수수료 5억 / 간접: 팀 분위기 저하, 인력 공백 등)
- 주요 퇴사원인은 **본인이** 기대한 **직무, 조직문화와 괴리임**
  (당사에 대한 이해가 낮은 상태에서 지원/입사함)

3. 접근방향, 목표
20% 이하의 조기퇴사율을 위한 채용제도 신설

- 직무에 최적화된 지인을 소개하는 "**사내헤드헌터**" 제도를 시행하여 **경력직원 조기퇴사율을 20% 이하로 유지**하고자 함

임직원이 가진 **외부인맥의 적극 활용 및 현장중심의 채용**기반 마련

직무에 최적화된, **조직에 맞춤화된 후보의 확보**와 검증

입사 후 조기적응을 지원하는 **전방위적 인사제도** 마련

4. 실행방안
임직원의 외부인맥, 지인을 추천한 후 최종합격 시 보상받는 제도를 운영 / 22년부터

- **개요 및 프로세스** ('22년 10월 중 파일럿 시행 후 '23년 본격 진행)
  '**재직 3년 이상 임직원의 추천**을 받아 **경력사원 채용**을 진행'
  1. 사내 게시판을 채용 TO를 홍보/공지
  2. **내부 임직원이 지인을 추천**
      (객관적 조직이해가 가능한 3년 이상 재직자로 한정)
  3. 추천된 후보자의 지원 및 서류전형 실시
  4. 공식 인터뷰 진행
  5. **최종 합격/입사 시 해당 추천인**에게 보상금을 수여 (50만 원/회)
  6. 입사 후 케어하는 **정착멘토링** 운영
  ※ 세부시행계획 별첨 2 참조

- **기대효과**
  - 경력직원 **채용비용의 절감** (년 3억 원 절감 가능)
  - 경력직원 **3년 내 퇴직율 50% 이상 감소** 예상 (전문기술직무 기준)
  - 면접진행 로스 축소 가능 (면접관 인건비, 기회비용 등)

5. 후속활동
입사 후 3개년간 케어하되 고과도 추적하여, 제도의 효율성을 판단할 예정

- **제도시행 전후 문제점 파악 후 개선**
  1) 추천인/피추천인 사후 인터뷰, 2) 현업팀장 만족도점검, 3) **입사자 조직적응도 및 3년 고과 추적관리**
- **입사자 정착을 위한 케어 제도 병행** (경력사원 워크샵, 현업팀장 가이드 제공 등)

※ 이후계획 별첨 3 참조

'사내헤드헌터 제도 도입 운영' 샘플 사례는
기획성 과제, 즉 새로운 제도를 다루고 있습니다.
일반적으로 작성한 기획서였다면
최소 다섯 페이지 이상이 필요했을 것입니다.

한 장이더라도 잘만 줄이면
문서가 가져야 하는 임팩트와 전달력이 떨어지지 않습니다.
(물론 별첨이 몇 장 추가되겠지만요.)

원페이지 샘플을 굳이 한 번 더 보여드리는 것은
두 가지 이유 때문입니다.

첫째, 이 책에서 언급한 내용을 적용한다면
단 한 페이지만으로도 충분히 내용을 전달하고
결재받을 수 있다는 것을 증명하고자 했습니다.

둘째, 과제가 단순해야 원페이지로 작성할 수 있고
크고 복잡한 과제는 원페이지가 불가능하다는 편견에 반격하고자 했습니다.

책을 마무리하면서 **몇 가지 당부사항**을 남기고자 합니다.

첫째, 무조건 짧게 쓰는 것이 능사는 아닙니다.

물론 문서가 너무 길면 업무효율이 떨어집니다.

반대로 문서를 너무 줄여도 업무효율은 떨어집니다.

읽는 사람, 작성하는 사람 모두 마찬가지입니다.

빠른 소통, 빠른 결정, 빠른 대처가 필요한 지금 이 시대에는

단박에 이해할 수 있는 메시지가 필요합니다.

빠르게 소통하는 모습Outcome이 목적이지

줄여서 짧게만 써낸 작성결과물Output이 목적이 아닙니다.

둘째, 문서 만능주의에 빠지지 맙시다.

원페이지가 일의 성과라고 볼 수 없습니다.

원페이지는 우리가 만든 결과물일 뿐입니다.

원페이지는 일하는 과정의 부산물이므로

원페이지에 기록된 내용을 실행하는 것이 몇백 배 더 중요합니다.

원페이지를 그럴듯하게 잘 써서 결재는 잘 받는데
원페이지의 실행하는 데 현실적으로 노력하지 않는
실무자가 너무 많습니다.
원페이지는 결과일 뿐, 성과가 아니라는 점을 잊지 마세요.

셋째, **원페이지 작성 환경을 미리미리 구축합시다.**
원페이지를 작성하기 위해서는
해당 과제에 관련하여 상사와 자주 소통해야 합니다.

상사와 업무적 교류도 미약하고, 중간보고도 없는 상황이라면
원페이지는 오히려 독이 됩니다.

상사를 지속적으로 학습시키고,
그 사안에 꾸준히 관심을 두도록 유도할 때
원페이지가 작동하는 환경이 만들어집니다.

넷째, **상사는 한 번에 못 알아볼 수 있습니다.**
이심전심以心傳心은 동화에서나 나오는 이야기입니다.

상사는 나의 클론이 아닙니다.
나의 부모님도 아닙니다.
상사는 내가 작성한 원페이지에 관심을 주지 않을 수도 있고,
원페이지 내용을 쉽게 이해하지 못할 수 있습니다.

종이 한 장으로는 누구도, 그 즉시 설득할 수 없습니다.
중요한 사안이라면 원페이지를 들고 가서 구두로 설명하십시오.

원페이지가 담을 수 없었던 스토리와 근거자료,
더불어 실무자의 강한 의지를 덧붙여야 합니다.
그래야 원페이지에 생명이 들어가서
생명력이 펄떡이는 메시지를 뿜어낼 수 있습니다.

비즈니스 상황에서 소통은 강력하고 짧을수록 승률이 높아집니다.
'승률이 높다'는 것은 경영진에게 메시지가 온전히 전달될 확률,
경영진이 이해하고 수용할 확률,
결재를 얻어낼 확률이 높다는 것을 말합니다.

지금까지 이 책에서 다룬 원페이지의 철학과 마인드, 작성 방법은

꼭 한 장의 문서 작성이 아니더라도

이메일 작성, 사내 인프라의 공지문 작성,

각종 협업 툴상의 기록, SNS 기록 등

텍스트 기반의 소통에도 고스란히 적용될 수 있습니다.

영국의 시인 존 던(John Danne)은 말했습니다.

"누구든 그 자체로서 온전한 섬은 아니다

No man is an island, entire of itself."

우리는 업무 현장에서

각자의 자리에서, 각자의 모니터로 업무를 봅니다.

그러나 우리는 홀로 일하는 것이 아닙니다.

모든 비즈니스맨은 조직 내에서 연결되어 있습니다.

일하는 우리는 외따로 있는 것이 아니라

타인과 항상 함께하고 있습니다.

조직은 일하는 개인이 함께 시너지를 낼 때

넘치는 생명력을 내뿜으며 성장합니다.

상호 소통하는 업무 현장에서
문서는 전략적이고 프로페셔널하게 정리되어야 합니다.
그것이 바로 '원페이지'입니다.

지금도 노트북 앞에 앉아서
벌건 눈으로 문서를 작성하며 머리를 쥐어뜯고 있는
모든 직장인에게 '파이팅!'을 외칩니다.

원페이저가
살아남는다

초판 1쇄 발행 2022년 7월 26일
초판 2쇄 발행 2023년 7월 20일

지은이 박혁종

총괄 방승천
편집 경정은, 최예슬
마케팅 이나경
편집진행 박은영
디자인 유어텍스트

펴낸곳 행복한북클럽
펴낸이 조영탁
주소 서울특별시 구로구 디지털로26길 5, 에이스하이엔드타워 1차 504호
전화 070-5210-4918
팩스 02-6442-3962
이메일 book@hunet.co.kr

ISBN 979-11-89969-90-5 (03320)

- 행복한북클럽은 독자 여러분의 원고와 기획을 기다립니다.
  새로운 아이디어가 있으신 분은 언제든 book@hunet.co.kr로 간략한 내용을 보내주세요.
- 잘못된 책은 구입하신 곳에서 교환해드립니다.
- 책값은 뒤표지에 있습니다.

행복한북클럽은 ㈜휴넷의 출판 브랜드입니다.